A. L. Kennedy
Schreiben

A. L. Kennedy

Schreiben

Blogs & Essays

Aus dem Englischen von Ingo Herzke

Zweitausendeins

Die englische Originalausgabe erschien 2013
unter dem Titel *On Writing* bei Jonathan Cape in London.

© A. L. Kennedy 2013

Die Auswahl der Texte für die deutsche Übersetzung
wurde in Absprache mit der Autorin getroffen.

Lizenzausgabe © 2018 bei Zweitausendeins GmbH & Co. KG,
Karl-Tauchnitz-Str. 6, 04107 Leipzig,
mit freundlicher Genehmigung des Carl Hanser Verlags.
© 2016 Carl Hanser Verlag GmbH & Co. KG, München

Umschlaggestaltung: DESIGNPREISZ Jörg Preißinger, Schwetzingen,
unter Verwendung eines Fotos von © vladwel (shutterstock.com)
Printed in Europe

Dieses Buch gibt es nur bei Zweitausendeins.

ISBN 978-3-96318-028-6

Inhalt

Vorwort

Die Blogeinträge, die den größten Teil dieses Buches bilden, wurden mit mehreren Absichten verfasst. Ich hatte vor, regelmäßig kurze Texte zu schreiben, die Schreibenden vielleicht in irgendeiner Weise nützlich sind. Ich wollte Tipps zum Schreibhandwerk geben, ganz allgemeine Hilfestellung bieten sowie Aspekte des Autorenlebens in den Blick nehmen. Ich bin ziemlich sicher, dass dieses Vorgehen mir mehr geholfen hat als irgendwem sonst, doch Menschen, die erst kürzlich mit dem Schreiben angefangen haben, fanden freundliche Worte über den Inhalt. Ich wollte außerdem den Lesern etwas Anregendes bieten, die nicht selbst schreiben wollen, sich aber für den Schreibprozess interessieren. Und ich wollte die positive Rolle beleuchten, die die Kunst im Allgemeinen und das Schreiben und Lesen im Besonderen in jedem Leben spielen können. Wenn der Ton einiger Texte übermäßig leicht und locker ausgefallen ist, kann ich zur Erklärung nur sagen, dass ich damit Lesende und Schreibende in einer Zeit aufheitern wollte, in der das Schreiben – und künstlerische Betätigung überhaupt – unter Druck zu stehen und zugleich ziemlich zwecklos scheinen mag. Außerdem weiß ich, dass sogar Menschen, die gerne schreiben und dies auch ohne Zwang tun können, gelegentlich etwas zum Lachen brauchen. Ich hoffte, unterhaltsam zu sein.

Die Blogeinträge erscheinen hier größtenteils in unveränderter Form, abgesehen von kleineren redaktionellen Eingriffen und Ergänzungen, um den Kontext zu vermitteln. Sie umspannen einen Zeitraum von etwas mehr als drei Jahren – von der Fertigstellung einer Kurzgeschichtensammlung über das Schreiben und Veröffentlichen eines Romans bis hin zur Arbeit am nächsten Erzählungsband. Den Blog führe ich zwar weiterhin, doch es schien mir irgendwie passend, mit einer Geschichtensammlung anzufangen und mit der nächsten aufzuhören. Das Buch umfasst auch eine längere Phase gesundheitlicher Probleme im Jahr 2011, in der mir die Möglichkeit, Blogtexte zu schreiben, ein großer Trost und eine Art Beweis war, dass ich zumindest noch halbwegs funktionierte. Während ich dies schreibe, bin ich wohlauf und fest entschlossen, die schlecht beratenen Zeitpläne, unguten Arbeitsgewohnheiten und kleineren Wehwehchen nicht zu vergessen, die sich wie ein roter Faden durch das Buch ziehen. Ich sollte besser auf mich aufpassen. Ich werde es wahrscheinlich nicht tun.

Auf die Blogeinträge folgen zwei Essays über handwerkliche Fragen des Schreibens – über die Entwicklung fiktiver Charaktere und das Finden und Erhalten einer eigenen literarischen Stimme –, die sich vor allem an Autoren richten.

Der letzte Text ist eine schriftliche Fassung des Bühnenprogramms *Words. Eine Solo-Performance* über Schreiben und Sprache, mit dem ich seit einigen Jahren in mehreren Ländern und auf unterschiedlichen Festivals aufgetreten bin. Der Zeitraum, den dieses Buch umfasst, entspricht tatsächlich ziemlich genau der Lebensdauer dieses Programms, das ich inzwischen ausgemustert habe – ich habe es allerdings schon einige Male ausgemustert, und es will sich offenbar nicht ganz aus dem Rampenlicht drängen lassen. Ich hatte nicht unbedingt damit gerechnet, dass die Bühnendarstellung meiner beruflichen Leidenschaften eine so positive und ermutigende Erfahrung sein würde, und ich bin allen Zuschauern dankbar, die zu den Vorstellungen gekommen sind. Es gibt verschiedene Aufnahmen des Programms, und es ist eine offizielle Audioversion geplant, doch herrscht auch eine gewisse Nachfrage nach der schriftlichen Fassung. Die Bühnenshow sollte eigentlich spontan klingen, soweit ich Spontaneität eben simulieren konnte, es liest sich also nicht wie ein geradliniges Prosastück.

M ir ist bewusst, dass bestimmte Themen und wichtige Impulse im Laufe dieser Materialsammlung immer wieder auftauchen: Tschechow, Shakespeare, Liebe, mein Großvater, die Zusammenarbeit mit anderen Autoren, die Bedeutung kreativer Tätigkeit, die Wichtigkeit der Selbsterhaltung und Achtsamkeit, meine Unfähigkeit, mich längere Zeit von Zügen fernzuhalten. Zu meiner

Verteidigung möchte ich anführen, dass ich glaube, manche dieser Punkte sind es wert, wiederholt zu werden, und dass ich froh bin, dass meine Inspirationen sich mit einer gewissen Regelmäßigkeit durch mein Leben und Arbeiten ziehen.

Zum Schluss möchte ich noch den Lesern des Blogs – und auch all denen, die mir auf Twitter folgen – für ihre Unterstützung danken, und für die Gemeinschaft des Wortes, die sie offenbar im Lauf der Zeit gebildet haben. Mein Dank gilt außerdem den Studierenden und Lehrenden des Warwick Writing Programme für ihre stete Anregung, meinem Agenten Antony Harwood und meinem Lektor Robin Robertson für ihre kontinuierliche Unterstützung. Ich sehe mich außerstande, meine Dankbarkeit für die Rolle, die das Lesen und Schreiben in meinem Leben gespielt haben und immer noch spielen, angemessen auszudrücken.

A. L. Kennedy

Blog

1

Wieder auf Achse ... Irgendjemand – ich bin im Augenblick zu müde, um mich zu erinnern – hat mich mal als *Der kleine Vagabund der Literatur* beschrieben. Ich rette zwar viel weniger Waisen als der kluge Schäferhund aus der Fernsehserie (tatsächlich kein einziges), und mir fehlt auch der lebhafte Charme des zottelohrigen Originals, doch ich verstehe gerade ganz gut, wie es gemeint war. Natürlich habe ich in Wirklichkeit ein Zuhause. Ich weiß, dass es Möbel, Konservendosen und Kleidungsstücke (wahrscheinlich in Schwarz) enthält, die ich womöglich noch nie getragen habe. Ich weiß außerdem, dass ich dort eigentlich nicht wohne. Weniger Grübeln also über die Nachbarn, dafür mehr Grübeln über die Frage, warum so viele Bed and Breakfasts von ehemaligen Polizisten betrieben werden. Einerseits sind ihre Rettungskompetenzen im Notfall bestimmt hervorragend, andererseits werden sie offensichtlich vom unwiderstehlichen Drang getrieben, Menschen nachts in winzige Räume mit unzureichender sanitärer Ausstattung zu sperren. Als ich mit dem Schreiben anfing, hat mir niemand verraten, dass es so weit kommen würde.

Aber ich versuche, andere Menschen zu warnen, dass es dazu kommen wird – darum meine gelegentlichen Besuche bei den Studenten für Kreatives Schreiben an der Warwick University. Sie wollen schreiben, sind voller Fleiß und Elan, haben sich alle weiterentwickelt, seit ich zuletzt etwas von ihnen gelesen habe, und dennoch ... dennoch wäre es unfair, ihnen vorzuenthalten, wie schrecklich ihre Zukunft aussehen könnte. Wenn sie keinen Erfolg haben, werden sie durch eine Weltwirtschaftskrise taumeln, ausgestattet mit einer Qualifikation, die nirgends verlangt wird, einem Schreibdämon, der an ihnen nagt und nach Ausdruck schreit, und einer behutsam geschulten Empfindsamkeit, die ihnen ihre Lage nur umso schlimmer erscheinen lässt – und all das, ohne dass es irgendjemanden auch nur einen Deut interessieren würde. Und wenn sie Erfolg haben, können sie womöglich trotzdem nicht davon leben, werden mehr unterwegs sein als ein Drogenkurier, werden emotional so davon beansprucht sein, dass ganze Beziehungen vollkommen an ihnen vorbeigehen, werden sich mit Medienanfragen herumschlagen müssen, die sie nicht einmal ansatzweise verstehen wollen, und wahrscheinlich viel zu viel Schwarz tragen (ja, es macht schlank, aber der Unisex-Richard III.-Look ist nicht immer der passende. Glauben Sie mir – das hat mich Erfahrung schmerzhaft gelehrt).

Natürlich glaube ich nicht, dass sich irgendjemand von meinen überspannten und wahnhaften Tiraden abschrecken lässt. Wenn ein Mensch schreiben will, lässt er sich nur davon abhalten, wenn man ihn bis zu einem gewissen Grad umbringt. Nichts geht über die rasende Freude um drei Uhr morgens, wenn Satz Nummer fünfzehn endlich einwilligt, das zu tun, was man von ihm erwartet, und nie hat es sich so heldenhaft angefühlt, Striche und Kringel auf einen Computerbildschirm zu tippen – selbst wenn es nur darum geht, dass der leitende Orthopädiechirurg, der gerade im Entsorgungsraum die Oberschwester verführt, nicht unglaubhaft gelenkig wirkt und auch noch gleichzeitig Erinnerungen an den Sommernachmittag mit deren komischem Onkel weckt ... Und wenn Sie glauben, tatsächlich etwas Gutes zu tun, andere Menschen als sich selbst zu erfreuen – sie weniger einsam, lebendiger, kultivierter zu machen –, na, dann werden Sie das nicht einfach so aufgeben und stattdessen basteln, lange Spaziergänge unternehmen und ein ruhiges Leben führen. Darum haben auch so viele Regimes und Staatsoberhäupter entdeckt, dass es nur einen Weg gibt, den Ausstoß von Schriftstellern einzuschränken – nämlich sie buchstäblich umzubringen. Mögen alle Engel und Gnadenbringer meine Studierenden – und übrigens auch mich selbst – vor Derartigem bewahren. Es ist durchaus möglich, dass wir uns ungerecht behandelt fühlen – das tun Schriftsteller oft –, doch für Gefangene einer Gesellschaft, die unbedingt ihre eigene Zunge fressen will, geht es uns wahrscheinlich noch ziemlich gut.

Und ich versuche, die Verlagsbranche gar nicht erst zu erwähnen – diese Legionen von Leuten mit Namen wie Miffy, Muffy oder

Tufty: *Gibt es da eigentlich irgendjemanden, der kein Weihnachtswichtel ist?* – oder die Tatsache, dass es mit der gesamten Buchbranche bergab geht, seit hierzulande die Buchpreisbindung abgeschafft wurde. Länder, die Wert auf eine nennenswerte Nationalliteratur legen, haben diesen Weg nicht beschritten, wir hingegen müssen mit dem klarkommen, was wir haben: also Sonderrabatte, Grabbeltische und mehr stupides Glotzen, als man es von einer Kaninchenmeute erwarten würde, die auf einer Formel-1-Rennstrecke festsitzt. Seltsamerweise könnte diese Trostlosigkeit für künstlerisch veranlagte Menschen sogar hilfreich sein. Ich begann meine schlingernde Laufbahn während der Thatcher-Ära, als die Arbeitslosigkeit so hoch war, dass ein nichtanständiger Beruf auch nicht viel alberner erschien als, sagen wir mal, der Gedanke an die Anstellung bei einer Bank. Und heute, da so viele von uns davon träumen, Banker mit Ohrfeigen links und rechts über die Hauptstraße zu jagen, und es mal wieder keine sicheren Arbeitsplätze gibt, dürften angehende Autoren den Eindruck gewinnen, dass sie nichts zu verlieren haben, wenn sie den Sprung ins Schreiben wagen. Ich gebe zu, dass ich eher zu Extremen neige, doch es ist sicher ganz allgemein besser, die Grenzen und Ränder seines Lebens selbst auszuloten und vielleicht auch ein bisschen zu verschieben, als sich in gewohnheitsmäßiger Abstumpfung einzurichten.

Und manchmal gehört zu diesen Grenzen vielleicht, den ganzen Tag in einem geborgten Büro die Manuskripte anderer Menschen zu lesen (viel weniger verstörend als die eigenen) und danach in einem extrem sicheren Schlafzimmer ein Stück umschreiben zu wollen, während man von Red Bull, Diätdrinks und Eisentabletten lebt. Damit sind, glaube ich, alle Nahrungsgruppen abgedeckt. Nächste Woche kommt ein Fotograf (wieso ich dazu ja gesagt habe – keine Ahnung; in der Welt existieren bereits reichlich Belege dafür, dass ich ein idiotisches, Grimassen schneidendes Pferdegesicht habe), ich muss noch mehr umschreiben, mir die Zusammenfassung von etwas ausdenken, das es noch gar nicht gibt und wahrscheinlich nie geben wird, eine einstündige Bühnenshow über das Schreiben auswendig lernen und versuchen zu vergessen, dass ich Schlaf brauche. Vorwärts.

2

Ab und zu denke ich darüber nach, was Schriftsteller eigentlich inspiriert – oder Menschen überhaupt. Von uns tippendem Volk wird offensichtlich erwartet, dass wir in Workshops wachsen und gedeihen. Und die Menschen, die solche Workshops anbieten, verdienen natürlich Geld damit, sie als notwendig zu verkaufen. Ich selbst habe – da ich nicht besonders gesellig bin – die wenigen Workshops, an denen ich in jüngeren Jahren teilnahm, kaum genossen, außer als Gelegenheit, Menschen kennenzulernen, die ich mir nicht vorher selbst ausgedacht hatte, und als Erinnerung daran, dass es im Kopf anderer Menschen gelegentlich noch viel bizarrer aussieht, als ich vermuten würde. Als Lehrende kommt es mir oft so vor, als sollten bei solchen Workshops alle Beteiligten vor allem das Gefühl bekommen, etwas erreicht zu haben, und dabei einer Tätigkeit nachgehen, die fast genau nicht Schreiben ist. Workshops füllen Stunden, vielleicht sogar den Stundenplan: und vielleicht kann man dort auch ein bisschen flirten, wenn man sich mit jemandem von der schreibenden Zunft einlassen will. Unausgewogene Workshops können ganz schnell in eine furchtbare Vorstellung umschlagen, bei der die verbal Blinden die kreativ Tauben führen, künstlerische Einschüchterung und willkürliche Regelsetzung inklusive. Und wenn sie übermäßig dominant geleitet werden, bieten sie dem Tutor schlicht die Gelegenheit, etwas zu tun, was eigentlich eher mit Körperflüssigkeiten und DVDs zu tun hat und in den eigenen vier Wänden praktiziert werden sollte.

Aber was bringt Sie/mich/sonst jemanden dazu, sofort zu Tastatur/Notizbuch/Handrücken und schmierigem Kugelschreiber greifen zu wollen? Es gibt die Option, allein im schwarzen Rollkragenpullover in der Ecke eines Cafés zu sitzen, aber außerhalb gewisser toleranter Bohemekreise könnte solches Verhalten eher verächliches Schnauben bei Passanten hervorrufen, vielleicht auch ein gemurmeltes »Blender«, begleitet von harmlosen Attacken – und das ist auch durchaus verständlich. Wenn Sie Glück und schon Bücher veröffentlicht haben und besser smalltalken können als ich, könnten Sie über das Angebot stolpern, vorübergehend ein leeres Ferienhaus, eine toskanische Villa, eine Künstlerkolonie oder das teilweise renovierte Vulkankrater-Hauptquartier eines Bond-Bösewichts zu beziehen, um sich dort mit ihrer Muse einzurichten und ernsthaft kreativ zu werden –, doch wenn Sie noch einen richtigen Job oder Freunde, Familie, Geliebte haben oder Wert auf ihre geistige Gesundheit legen, dann ist extreme geographische Isolation vielleicht nicht das Richtige für Sie. (Obwohl mir selbst die meisten Bestandteile eines »richtigen Lebens« abgehen, hätte sogar ich Hemmungen, mich an einem pittoresken Ort weit ab von konventioneller polizeilicher Kontrolle festsetzen zu lassen und auf diese Weise gezwungen zu sein, mit der kreativen Verzweiflung anderer Menschen klarzukommen, mit reizbaren Bildhauern, den Schrecken gemeinsamer Abendessen und womöglich verpflichtenden Soireen mit Lady Tabitha und ihrer ganz seltenen Lama-Art. Es ist schon schwer genug, in meinem Wohnzimmer ungestört zu tippen.)

Ich kann nicht für andere sprechen, aber für mich eröffnen sich interessantere Wege und Bereiche der Inspiration, wenn ich mich gedanklich verpflichte, alles inspirierend zu finden. Das bedeutet, meine Umgebung muss sich gar nicht ändern, aber meine geistige Haltung zweifellos schon. Und richtig billig ist es auch. Ich will gar nicht behaupten, dass die praktische Umsetzung immer perfekt funktioniert, aber wenn ich meinem Leben mit einer Art interessiertem Enthusiasmus begegne, dann wird es mir Inspiration bieten (klingt abscheulich nach Selbsthilfebuch, oder? Aber ich betone noch einmal: billig und bequem).

Um mal ein praktisches Beispiel einzuwerfen – der untadelige Herr und ausgezeichnete Innenausstatter, der das Badezimmer meiner Mutter gestrichen hat, ist nebenbei Falkner. Daher war es gar nicht besonders schwierig oder kompliziert für mich, diese Woche eine kurze Begegnung mit einem, wie sich herausstellte, eleganten und hochintelligenten Wüstenbussard zu arrangieren. Der Bussard konnte gar nicht anders als faszinierend zu sein, selbst wenn er es versucht hätte, indem er zum Beispiel einen Anorak getragen oder so getan hätte, als sei er eine Stockente. Ich habe keine Ahnung, ob und wann ich Herrn Bussard verwenden werde, doch er hat sicher irgendwas in mir angestoßen, was später etwas anderes anstoßen wird, und ganz nebenbei war es einfach toll, ihn zu treffen. Machen Sie sich bewusst, dass die Option *Alles inspirierend finden* die praktische und selbst für genussfeindliche Calvinisten akzeptable Nebenwirkung hat, Ihnen solcherlei Vergnügen aus rein beruflichen Gründen zu verschaffen. *Die Begegnung mit Herrn Bussard ist eigentlich kein Vergnügen – sondern Arbeit.* Außerdem kann ich allen Studierenden, wenn ich ihnen das nächste Mal was über das Schreiben erzählen soll, davon berichten, wie wachsam und flexibel und beweglich Kopf und Körper eines Bussards sind, und nebenbei erwähnen, dass ihre Augen genau die tödliche Fokussierung besitzen, die man von einem Killer erwarten würde. So ein Konzentrationsniveau wäre auch für einen Autor nicht das Schlechteste.

Und wo wir gerade von Fokus und scharfen Augen reden, am Freitag konnte ich mich zu meiner großen Freude aufmachen und das neue Vielleicht-Porträt von Shakespeare anschauen. Auch wenn ich vor allem deshalb Schriftstellerin werden wollte, weil ich schon als Kind jeden Sommer praktisch in Shakespeare badete, wusste ich nicht genau, was ich davon haben würde, sein Gesicht zu sehen (wenn es denn sein Gesicht ist), da er ja trotzdem tot bleibt und für Plaudereien nicht zur Verfügung steht. Aber es war doch eine Reise wert, zumindest um zu sehen, was passiert – und womöglich zu entdecken, für welche Art von Mann ich ihn aufgrund seiner Worte unwillkürlich gehalten hatte. Tatsächlich wirkt das Porträt, das schon als Bild allein ästhetisch befriedigend ist, eigentümlich überzeugend – die großen traurigen, klugen Augen, die sexy Lippen, das eigenartig hochtoupierte Haar, das eine katastrophale Stirnglatze verbirgt. Die Gesamtwirkung deckt sich bemerkenswert gut mit dem Shakespeare, den ich mir im Kopf zusammengesetzt habe. Wer er auch sein mag, er sieht intelligent, auf interessante Weise waghalsig und äußerst lebendig aus. Und um auf unser Thema zurückzukommen – soweit wir überhaupt eins haben –: Äußerst lebendig zu sein ist eine ganz reelle Möglichkeit für einen Menschen, der das Schreiben als Vorwand dafür nutzen will, sein eigenes Leben aufmerksam zu beobachten.

Augenblicklich sitze ich wieder im Zug, auf dem Heimweg, und in meinem Kopf ruckeln sich zwei Inspirationsstummelchen zurecht und stoßen dabei aneinander. Ich habe eine bessere Vorstellung von Shakespeare in Fleisch und Blut: Jemand, der mehr und zugleich weniger ist als seine Worte (wie auch immer er ausgesehen haben mag); und eine eigentümliche Mahnung an Risiko und Gefahr in seinem Schreiben, einen neuen Blick auf diese große, dunkle Schwelle. Außerdem eine neue Dankbarkeit dafür, dass es andere Menschen vor mir gab, die geschrieben und mir so erlaubt haben, selbst eine (wenn auch sehr bescheidene) Schriftstellerin zu sein – einen Beruf zu haben, da ich anderweitig nicht erwerbsfähig bin. Und dank des Wüstenbussards bekommt *A lover's eyes will gaze an eagle blind / Wer liebt, des Auge schaut den Adler blind* einen ganz neuen Kick. Und morgen darf ich etwas Majestätisches und Brauchbares im Waschen und Bügeln schmutziger Kleider einer Reisewoche entdecken. Na ja, wenn ich das hinbekäme, wäre ich tatsächlich eine majestätische und brauchbare Autorin. So tue ich eben, was ich kann. Vorwärts.

3

Der Beschluss, die Schweinegrippe offiziell nicht mehr als *Epidemie*, sondern als *Pandemie* zu beschreiben, ist für Wortdrechsler wie mich natürlich interessant. Bei *Epidemie* denkt man an leichenübersäte Straßen, Pestfriedhöfe und eine Krankheit, die in Küchenschränken und Atemluft lauert. *Pandemie* klingt viel schlimmer, dreht sich aber eher um Geographie als um Todeszahlen – obwohl es auch um Zahlen geht. Daher schwächt sich die anfängliche Reaktion auf *Pandemie* – die etwa so lautet: »Ooh, Nelly, soll das heißen, wir müssen alle sterben? Ich muss sofort meine Kinder laminieren« – rasch ab zu: »Ach so, es husten bloß ein paar Leute in verschiedenen Ländern … na gut … Dann kann ich also immer noch aus Spaß ältere Damen anniesen? Und an Türklinken lecken?«

Medizinische Fachsprache ist oft *eine Herausforderung* – ein Wort, das heute gern als Kürzel für »Sollte dieses Problem Sie nicht umbringen, tun wir es« benutzt wird. Ich weiß noch genau, dass ich die letzten Minuten meines Großvaters um eine halbe Stunde verpasst habe, weil ich nicht in der Lage war, die Worte *ziemlich schlecht* als *könnte jeden Augenblick sterben* zu interpretieren. Wobei es mir keinesfalls an Bewunderung für Menschen mangelt, die an den meisten Arbeitstagen anderen sagen (oder indirekt andeuten) müssen, dass jemand, der diesen Menschen sehr viel bedeutet, in Kürze sein weltliches Dasein beenden wird. Sehen Sie? Nicht so leicht, über den Tod zu reden. Fällt schwer zu sagen – »Sie ist tot. Er hat schon zu verwesen begonnen. Ihr Verdauungstrakt fängt schon an, sich selbst zu verdauen – so wie es Ihrer auch irgendwann tun wird – es sei denn, Sie stürzen in einen aktiven Vulkan oder leben auf andere höchst ungewöhnliche Weise ab. Ach ja, und versuchen Sie nicht allzu tief und kraftvoll einzuatmen, wenn Sie am Krematorium vorbeigehen.«

Inzwischen naht drohend der August, weshalb mein Regisseur und ich die Solo-Show über das Schreiben für einen Abend im

Centre for Contemporary Arts in Glasgow wieder aufpoliert haben. Wir hatten ein sehr angenehmes und dankbares Publikum, auch wenn der Raum heiß genug war, um Blei verdampfen zu lassen, was womöglich dazu führen wird, dass wir mal alle gesundheitlich eingeschränkt sein werden. Zum ersten Mal habe ich Words in einem ähnlichen Setting wie in Edinburgh und ohne Mikro auf die Bühne gebracht – es gab also jede Menge zu bedenken und viel zu genießen. Mich fasziniert die vorübergehende Arbeit an meiner leiblichen Stimme (um mich hörbar und klanglich flexibel zu machen), weil sie allmählich auch Einfluss auf meine Stimme auf dem Papier hat.

Ich war immer dafür, dass Schriftsteller mit ihren Stimmen arbeiten. Wir sind zwar meist schüchterne und flüchtige Wesen, in der persönlichen Begegnung bestenfalls anstrengend und im Gespräch abschweifend, doch angesichts dringender finanzieller Notwendigkeiten lesen wir irgendwann fast unvermeidlich aus unseren Werken vor. Dabei stehen wir oft an Orten, die mit Bedacht so konstruiert sind, dass Sprachveranstaltungen unmöglich und alle Beteiligten rasch entnervt sind. Es ist laut, die Sicht auf die Bühne ist grauenhaft, die Mikrophone funktionieren nicht, im Foyer toben Wildschweine … Sie müssen einfach hinnehmen, dass nichts glatt laufen wird. Gleichzeitig sind Sie als Autor oder Autorin gehalten, die Veranstaltung den anwesenden Damen und Herren (ich bringe meine Versionen des Erwachsenenlebens nur ungern Kindern zu Gehör, damit sie nicht verzagen und wie in der *Blechtrommel* das Wachstum einstellen) so angenehm wie möglich zu machen. Womöglich hat Ihr Publikum sogar Eintritt bezahlt, um die Lesung über sich ergehen zu lassen.

Den Zuhörern gefallen zu wollen ist nicht bloß Höflichkeit – es ist auch ungemein praktisch. Wer als Schriftsteller die Erfahrung macht, dass seine Worte von anderen genossen werden und er Fremde zum Lachen oder Hmmmm-Sagen oder Seufzen oder Weinen oder Klatschen bringen kann, oder dazu, dass sie – etwas beängstigend – mit geschlossenen Augen dasitzen wie in tiefer Konzentration oder schlafend oder tot, der gewinnt mehr Vertrauen in die Kraft seiner Worte und in den gewählten Weg. Es ist ein

Gegengewicht zu dem ganzen Allein-mit-erfundenen-Fremden-herumspielen-um-echte-Fremde-zu-unterhalten, das ein Leben an der Tastatur mit sich bringt. Natürlich kann eine gute Leseperformance zum Teil kaschieren, dass das Geschriebene Schrott ist – doch das eigentliche Ziel sollte sein, dass die Vorbereitung einen womöglich dazu anhält, die eigenen Worte neu zu bewerten und zu verbessern, sie durch den Wunsch, andere zu berühren, größer zu machen und sie schließlich durch den Vortrag zu unterstützen.

Und wenn sich das jetzt alles anhört, als hätten wir zügigen Schritts die Zone der klebrig begeisterten und schrankenlosen Selbstliebe betreten, dann denken wir mal an die dunkle Seite der Gleichung: Der ungelenke junge Autor zittert hinter einem wackeligen Lesepult, seine Hände beben, Manuskriptseiten flattern zu Boden, werden eingefangen und in falscher Reihenfolge wieder zusammengelegt. Eine quälende Pause entsteht, ehe seine erstickte Stimme durch die Verzerrung der PA-Anlage stolpert und aus einem Strom herrlich glänzender Worte ein betäubendes Rinnsal allgemeiner Scham und Langeweile macht. Zehn Minuten wandeln sich in ein unerträgliches und lähmendes Menschenalter, an dessen Ende der Autor gebeugt von der Bühne schlurft, begleitet von einem einsamen Klatschen, und feierlich gelobt, nie wieder ein Wort zu schreiben.

Und das wollen wir doch nicht. Vorwärts.

4

Workshops – ich habe sie beiläufig schon in diesem Blog erwähnt, aber im Augenblick muss ich oft an sie denken. Inzwischen werden solche Sachen immer häufiger *Meisterklassen* genannt, was beeindruckender und wichtiger klingt, irgendwie so, als könnte man dabei in einem luftlosen Hotelkonferenzraum einer niederen Gottheit begegnen. Ich leite schon eine ganze Weile Workshops – und jetzt *Meisterklassen* – in Fiktionalem Schreiben; wie lange genau, werde ich für mich behalten, damit ich nicht allzu runzlig erscheine und weil mir klar wird, welche ungeheure Dreistigkeit ich in den ersten zehn Jahren besaß, dass ich überhaupt irgendwem irgendwas erzählen wollte. Andererseits ist das eine bewährte Verdienstmöglichkeit für angehende Schriftsteller: Workshops für Menschen zu geben, die noch nicht schreiben können, während man selbst noch nicht schreiben kann. Und dabei können wir Menschen begegnen – keinen Figuren, die sich unserem Willen unbedingt widersetzen möchten, sondern echten, lebendigen Menschen – und lernen und über Zusammenfassungen nachdenken und dem Schreibprozess anderer ganz nah sein und sehen, wie wundervoll das ist, wie ein Mensch aufleuchten kann, wenn alles gut läuft und der Groschen fällt und so weiter …

Sehr, sehr selten stelle ich irgendetwas mit einer Gruppe fremder Menschen und einer Flipchart an, es sei denn, ich selbst darf die köstlichen Dämpfe der dicken Filzstifte einatmen und trage nominell die Verantwortung. Aber erst heute Abend habe ich mit einem Freund über eine einst von mir besuchte *Meisterklasse* geredet, die mich dazu veranlasste, meine eigenen Workshopmethoden neu zu bewerten, und mich außerdem nach dem Bösen fragen ließ, das auf dem Grund des menschlichen Herzens schlummern kann.

Bedenken wir zunächst, welche grässlichen Versuchungen ein Workshopszenario bereithält. Da stehen Sie allein vor einem Raum voller weitgehend oder vollkommen willfähriger Menschen, die sich Ihrer Hilfe anvertrauen, die womöglich von Neugier auf das Schriftstellerleben und vom rührenden Glauben beseelt sind, dass es eine goldene Regel gibt, die alles gut werden lässt und einen sofortigen Wendepunkt in ihrer vermeintlichen Berufung herbeiführen wird. Die Macht des Workshopleiters kann riesig sein, da das Schreiben eine so intime Beschäftigung ist. Natürlich ist die Zahl der Betroffenen klein, doch die Gelegenheiten für Ungerechtigkeit und Korrumpierung sind erschreckend vielfältig: Ideen können verspottet, Schwächlinge schikaniert werden, müde oder ängstliche Teilnehmer können den Mentor ermutigen, endlos über sich selbst zu schwafeln, und ihm die giftigste Verherrlichung zuteilwerden lassen. Nervöse und selbstkritische Menschen (und viele gute Schriftsteller sind oft beides) sprechen vielleicht Bedürfnisse nicht aus, die daher unbefriedigt bleiben, oder Probleme nicht an, die daher unbehandelt weiterschwären. Vielleicht haben die Teilnehmer keinen Schimmer, was sie erwarten dürfen, und können darum mit allem möglichen Unsinn abgespeist werden. Selbst mit den besten Absichten dürfte es schwerfallen, jemandem geistige Vorgänge nutzbringend zu beschreiben, der nicht zumindest ein klein wenig wie man selbst denkt. Und selbst abgesehen von all diesen intellektuellen und spirituellen Fallstricken, wie man sie nennen könnte, gibt es noch die Möglichkeit technischen Versagens, die zeitlichen Beschränkungen und Einwirkungen höherer Gewalt – ich habe zum Beispiel mal einen Workshop geleitet, bei dem einer Teilnehmerin eine Spitzmaus das Bein hinaufkrabbelte. Zur allgemeinen Betroffenheit – sogar von Seiten der Beininhaberin – ging die Sache für die Spitzmaus böse aus.

Wenn alle Interaktionen auf gegenseitigem Respekt und menschlichem Mitgefühl basieren, und wenn der Veranstaltungsort nicht von vornherein tückisch und hinderlich ist, kann sich aus so einer Werkstatt für eine Gruppe interessierter Personen die Chance ergeben, etwas gemeinsam auf inspirierende Weise zu erforschen und mit Gewinn nach Hause zu gehen. Doch unmittelbar daneben liegt immer ein übles und womöglich einladendes Minenfeld menschlichen Verhaltens, so wie Sinn oft dicht an Irrsinn grenzt.

Wer meine Workshops besucht hat, bleibt meist in Kontakt (im positiven Sinne, nicht als Stalker), und ich denke, die Reaktionen sind im Großen und Ganzen positiv, doch es gab auch Sitzungen, in denen ich müde und ein bisschen schnippisch war, oder einfach nur schnippisch. Ich habe dem Drängen von Leuten nachgegeben, die sich nur vor der anstehenden Aufgabe drücken wollten, und ohne vernünftigen Grund über mich selbst geplaudert. Ich habe Experimente angestellt, die nicht funktioniert haben. Es hat auf jeden Fall Menschen gegeben, denen ich nicht geholfen habe, oder zumindest nicht genug. Und das macht mich unzufrieden.

Doch dann denke ich an *Diese Meisterklasse*, die ich selbst mal besucht habe – diese eitrigen zwei Tage in Gesellschaft eines Mannes, dem ich gleich auf den ersten Blick einen Schraubenzieher ins Gesicht rammen wollte. (Mein Tai-Chi-Lehrer war im Gegensatz dazu ein glänzendes und überzeugendes Zeugnis seiner eigenen Fähigkeiten, noch bevor er überhaupt angefangen hatte, mir etwas beizubringen. Und dann wurde er sogar noch besser.) In *dieser Meisterklasse* kauerten meine Mitleidenden und ich auf Stühlen und versuchten uns einzubilden, dass wir mitschreiben wollten, während unser Meister die Hosen herunterließ und einen lauwarmen Strahl narzisstischer Wut, Frauenfeindlichkeit, selbstherrlichen Gefasels und GEBRÜLLS über uns strömen ließ. Schon zur Mittagszeit des ersten Tages verabscheuten wir ihn alle. Am Mittag des zweiten Tages versuchte ich verzweifelt, mich an meinen inneren Glücksort zurückzuziehen, doch der Zutritt war mir verwehrt, denn alles Schöne, was mir in den Sinn kam, jeder reizende Mensch, der mir einfiel, wurde sofort besudelt durch die Berührung mit einer anscheinend endlosen Folge von Tiraden, erniedrigenden Übungen und traurigen kleinen Einblicken in eine Welt furchtbarer Enttäuschungen und großer Angst. Haben Sie schon mal etwas völlig Neues ausprobiert, während Wildfremde Ihnen dabei zusahen? Na, dann versuchen Sie es mal, während ein echter, lebender Soziopath Ihnen nassfeuchte Kommentare in den Nacken brüllt. Ja genau, geht viel leichter.

Es gab anscheinend keine Möglichkeit, das Geschehen abzublocken. Selbst meine erstaunlichsten und abseitigsten pornographischen Phantasien trauten sich nicht ans Licht, und ich kann es ihnen nicht verdenken. Mein immer noch feuchter Nacken war in Schockstarre, und ein immer stärker werdender Krampf zwang meinen Kopf nach hinten, nur damit meine Augen diese wandelnde Hautverschwendung – und das ist noch freundlich ausgedrückt – nicht mehr anschauen mussten, wie sie mit ihren geisteskranken Vorzeigeobjekten und sperrigen Konzepten hantierte. Irgendwann verursachte es mir unerträgliche Schmerzen, etwas anderes als die Decke anzustarren. Eine Teilnehmerin wurde bis an den Rand der Tränen zusammengeschrien, als unsere Mitwirkungsbereitschaft in negative Bereiche abstürzte. Es herrschte dumpfes, brütendes Schweigen. Unser Anführer lief auf und ab, trat um sich, schwitzte und röhrte. Nachdem uns unsere Wertlosigkeit vor Augen geführt worden war – wenn auch von einem Menschen mit sehr eigentümlichen Charakterschwächen –, waren wir verletzt und verwirrt. Außerdem unerträglich gelangweilt und vom schieren Unsinn betäubt, seltsam unfähig, die Veranstaltung zu verlassen oder einen geraden Satz zu bilden. In den Ecken des Seminarraums rückten wir zusammen, kamen uns näher, umarmten uns, unterdrückten Wellen der Wut und der Depression und Kicheranfälle. Plötzlich verstand ich das Stanford-Prison-Experiment viel besser.

Selbst heute noch kann ich aufrichtig schreiben, dass ich vielleicht nicht tieftraurig wäre, wenn der betreffende Herr nackt und gefesselt auf irgendeinem Parkplatz gefunden würde, nach einer Reihe unerfreulicher Begegnungen mit ganz und gar unhöflichen Rockergangs. Und einem Elch.

Aber ich habe von *dieser Meisterklasse* viel gelernt. Ich erkannte, was geschieht, wenn alles, was ich falsch machen *könnte*, tatsächlich falsch gemacht *wird* – wie durch und durch schrecklich das werden würde. Ich begriff ganz neu, wie sehr so eine widerliche Reihe gefühlloser Workshopübergriffe in mir den dringenden Wunsch wecken würde, mich zu waschen, und dass sie womöglich genau das zerstören oder jedenfalls schwer beschädigen könnte, was ich tun wollte und mit großem Genuss tun würde. Immer wenn ich merke, dass ich selbst oder ein Workshop aus dem Gleis zu geraten drohen, fällt es mir jetzt automatisch ein: *Ooh nein, ich höre den Reißverschluss aufgehen … die Meisterklasse droht.* Vorwärts.

5

Dieser Text bezieht sich auf die Recherche zum Roman Das Blaue Buch *und all die Menschen, denen am Ende des Buches gedankt wird.* Zum ersten Mal seit drei Monaten, glaube ich, schreibe ich diesen Blog nicht im Zug. Nicht mal in einem Bahnhof, ich werde auch nicht von Lastpferden einen Berg hinaufgeschleift, ich bewege mich – abgesehen vom üblichen Ein- und Ausatmen und gelegentlichem Muskelzucken – überhaupt nicht. Ich sitze tatsächlich sicher und behaglich in meinem speziellen Schreibstuhl-für-Menschen-mit-Rückenproblemen. Vielleicht kennen Sie *Den Stuhl* schon, weil er im Mittelpunkt einiger Zeitungsreportagen über mich stand. Es ist bitter, von einem aufgemotzten Büromöbel, das sich wie eine schwarzlederne Medienhure aufspielt, aus dem Rampenlicht gedrängt zu werden. Andererseits ist *der Stuhl* beträchtlich fotogener als ich. Er glimmt unter mir selbstzufrieden vor sich hin, während ich diese Zeilen tippe. Entweder das, oder er hat noch ganz unerforschte Eigenschaften, und ich sollte vielleicht mal wieder nach der Bedienungsanleitung suchen.

Ich durchlebe derweil eine Akklimatisierungsphase, könnte man sagen. Den größten Teil dieses Jahres habe ich mit dem verbracht, was immer mehr Autoren immer häufiger tun – kreuz und quer über den Globus zu hetzen, um ihre Bücher zu vermarkten, bei unterschiedlichsten Gelegenheiten aufzutreten und ganz allgemein das Geld zu verdienen, für das ich zufälligerweise wirklich nicht schreibe. Andererseits können sehr viele Waren und Dienstleistungen, die ich gern in Anspruch nehme, mit Geld bezahlt werden, weshalb ich es ganz praktisch finde. Durch meine neugewonnene Sesshaftigkeit kann ich mich wieder daran gewöhnen, mehr als fünf verschiedene Hemden zu tragen, Zugriff auf all meine Bücher zu haben, Staub wischen und mein Bett selbst machen zu müssen;

ich kann wohl kaum damit rechnen, dass ein Zimmerservice in meine Wohnung einbricht und das erledigt, während ich heimlich lange ausschlafe. Natürlich bin ich sofort ganz langweilig krank geworden – Nebenhöhlen, Nacken, Ohren –, weil mein Körper mir offensichtlich feindselig gesonnen ist; aber zum Trost kann ich mir Hühnersuppe kochen, und meine Lage ist ungewöhnlich bequem, wenn auch schmerzhaft. Bis Anfang August werde ich unter meiner eigenen ganz persönlichen Adresse wohnen, ein Bad nehmen, wann immer ich will, und mich in praktischer Nähe zum Park befinden, sollte ich plötzlich die Notwendigkeit verspüren, mich in die Gänseblümchen zu setzen. Wer weiß, Gänseblümchen-sitzen könnte sogar mein Hobby werden – ich kann mich meiner Hobbys nicht mehr entsinnen, aber ich halte gern die Augen offen, falls eins auftaucht.

Ich habe allerdings reichlich zu tun. Ich bereite mich auf das Edinburgh Festival vor, habe also fast täglich Proben für die Bühnenshow. Dieses Jahr bin ich sowohl mit einem Regisseur gesegnet (die Proben wären ohne ihn auch eine eher eigenbrötlerische Veranstaltung) als auch mit einem Bühnen-/Lichttechniker, die sich also um viele Probleme kümmern, die ich gar nicht begreifen würde, aber ich muss dennoch die Gestaltung und Verteilung vieler Dinge regeln, Plakate und Programme und Flyer ... und wieder bringt der Zimmerservice keine Rettung. In meiner Freizeit – wenn ich nicht am Bühnenskript herumdoktere – muss ich noch ein Hörspiel zurechtstochern und jede Menge Recherche verdauen.

Die Hektik und das Chaos der letzten zwei Wochen lässt sich zum Teil mit dieser Recherche erklären. Als Romanautorin werde ich natürlich buchstäblich dafür bezahlt, mir Sachen auszudenken, dennoch brauche ich Recherche. Zusammenhänge müssen legitimiert werden, Figuren haben Interessen und Berufe, die mit glaubhaften Details gepolstert werden müssen, Variationen von Geografie und Geschichte werfen alle möglichen Fragen auf, und ich muss nach Antworten suchen. Für jeden beliebigen Roman verbringe ich etwa drei Jahre – nicht rund um die Uhr, aber immer wieder – mit Grübeln und Nachhaken und Forschen, ehe ich überhaupt ein Wort schreibe.

Solche Entschuldigungen klingen nach der Art von Autorenbekenntnissen – *Meine zweite Fassung schreibe ich immer in einer ganz reizenden kleinen Hütte oberhalb von Luzern …* –, bei denen mir die Galle hochkommt. Fiktionales Schreiben erfordert Recherche, und ich nehme mir viel Zeit dafür, weil ich Dinge langsam verdaue, okay? Mehr will ich gar nicht sagen.

Meine bevorzugte Recherche, die, bei der ich mich am wohlsten fühle, findet in meinem Arbeitszimmer statt, umgeben von mächtigen Büchertürmen, an denen ich herumnage, bis sie nachgeben. Leider muss ich aber, wenn Dinge in keinem Buch, nirgends, zu entdecken sind – und vieles, was ich für den nächsten Roman brauche, ist geradezu lachhaft obskur –, dann muss ich freistehende menschliche Wesen aufsuchen und belästigen, wo ich doch nicht mal in der Lage bin genau zu artikulieren, was ich nicht weiß und nicht verstehe. Würden Sie irgendeinen Schreiberling in Ihre Wohnung bitten und dulden, dass er oder sie Ihnen im Grunde eine große Leere beschreibt, die Maße und Winkel eines Nichts, und dabei ein bisschen zu viel die Arme schwenkt? Ich bestimmt nicht. Und ich verderbe diesen Menschen nur deshalb den Nachmittag, weil sie Experten sind – ich stehle ihnen also nicht bloß Zeit, sondern sachkundige Expertenzeit … die ich ihnen natürlich nicht bezahlen kann, denn Bezahlung wäre unhöflich, dann wäre der Gefallen kein Gefallen mehr, aber irgendwas muss man ihnen mitbringen … und was bringt man jemandem mit, der – sagen wir mal – unfassbar viel mehr als man selbst verdient …? Grübelt man wochenlang unablässig darüber, was ihm wohl gefallen könnte …? Dann fühlt man sich ein bisschen schmierig, wenn es funktioniert … oder rät man einfach ins Blaue und liegt dann daneben …? Dann fühlt man sich irgendwie ungehobelt … und wenn man die Leute wiedersieht, sollte man ihnen Bücher schenken? Schließlich schreibt man Bücher … aber wenn sie meine Bücher nicht mögen, oder überhaupt keine Bücher …? Aber wenn ich die Bücher signiere, kriegen die Beschenkten ein schlechtes Gewissen, wenn sie die Werke bei Oxfam loswerden – außerdem ist das auch ein bisschen selbstgefällig, oder, anderen Leuten seine eigenen signierten Bücher aufzudrängen? Aber sie nicht zu signieren könnte auch unhöflich wirken … und wenn sie die zugesagte Gesprächszeit überschreiten …? Unterbricht man sie, lässt man sie weiterreden, fängt man an zu weinen? Und wenn sie etwas ganz großartig auf den Punkt bringen, darf ich ihnen dann die Stirn küssen? Was ist, wenn ich laut brülle, weil mein Gegenüber taub ist, aber es nicht gesagt hat, aber es wirklich ist … ist das dann unverschämt oder einfach nur hörbar? In letzter Zeit habe ich mich reichlich mit solchen Fragen gequält, habe bei geduldigen Fremden auf dem Sofa gesessen und mich schlecht, schlecht, schlecht gefühlt.

Ich kann allerdings nur sagen, dass diese Fremden bis jetzt wenigstens immer zumindest Süßigkeiten angeboten haben, wenn nicht gar Tee und Kuchen (ich sehe eindeutig unterernährt aus), und dass sie alle unfassbar angenehm und freundlich waren. Ich bin umarmt und geküsst worden, man hat mir erlaubt, mit Hunden zu spielen, und mir Brocken und Scheibchen und Händevoll Einsichten und Erkenntnisse geschenkt, die ich hoffentlich zu verdaulicher Form einkochen und nicht allzu schlimm verunstalten kann. Es gibt wenig, das schöner ist als Menschen zuzuhören, die auf ihrem Gebiet spitze sind, wie sie lebhaft von Dingen erzählen, von denen sie etwas verstehen und für die sie sich begeistern (ich erinnere mich vage, dass solche Sachen in glücklicheren Tagen in Fernsehen und Radio gesendet wurden, aber vielleicht irre ich mich auch …). Manchmal ist es gut, im Geist atemlos mit jemand anderem Schritt zu halten zu versuchen, sich verzweifelt festzuklammern, bis im limbischen System irgendetwas *Peng* macht und man glücklich auf den Rücken fällt, während der andere Mensch, kaum außer Atem, weiterjoggt. Vielen Dank also an alle, die mir bisher geholfen haben – ihr wisst schon, dass ihr gemeint seid. Ihr habt dafür gesorgt, dass ich mich beim Gedanken an die menschliche Rasse gut, gut, gut fühle. Vorwärts.

Ich bin immer noch in meiner Wohnung – erstaunlich, wie langweilig das werden kann. Verblüffend außerdem, was alles den Bach runtergegangen ist, seit ich das letzte Mal richtig hier gewohnt habe (in den letzten drei Jahren war ich größtenteils unterwegs). Während ich also in Vorbereitung auf Edinburgh meine (für die Nachbarn mit Sicherheit quälenden) Stimmübungen singe und heute, haben verschiedene Handwerker an meinem Heizkessel, meinen Badezimmerarmaturen, meinem Gasherd und diesem und jenem herumgeschraubt. Und es ist wahrhaftig angenehm, sich nicht mehr in der Badewanne die Zähne putzen zu müssen. Inzwischen wird das neue Buch *Was wird* rezensiert, obwohl es streng genommen noch gar nicht erschienen ist. Es ist immer hilfreich und besser, rezensiert als ignoriert zu werden, aber es ist auch etwas frustrierend, sich potentielle Leser vorzustellen, die am Ende einer Buchkritik denken: »Ach ja, das könnte ich doch kaufen … ob ich es wohl im Buchladen kriege? … Da habe ich es noch gar nicht gesehen … Ach, sieh mal, so ein glänzendes Ding. Und ein Keks.« Und schon sind sie für immer verloren.

In der Theorie sollte das Buch blinzelnd, hustend und spuckend am 6. August das Licht dieser Welt erblicken, doch Erscheinungstermine sind wohl heutzutage ganz und gar theoretisch: Ich habe schon Lesungen bestritten, bei denen das Buch erhältlich war, und allmählich gelange ich zu dem Schluss, dass diese Angaben Teil einer großangelegten eBay-Schummelei sind – Autoren signieren und datieren Exemplare weit vor dem Erscheinungstermin, und schon sind sie ein paar Taler mehr wert, als wenn wir sie nicht verschandelt hätten. Wer weiß.

Ich lese die Besprechungen nicht, bis ich sie auf meine Webseite stelle – das ist dann also ein langer Nachmittag, an dem ich mich befummelt und paranoid und unwohl fühle, und dann ist es wieder vorbei. Und ja, »ich lese keine Besprechungen«. Klingt so, als hätte ich die Nase fest im eigenen Nabel stecken – aber Buchrezensionen sind was Eigenartiges. Sie erscheinen meist Monate, wenn nicht Jahre nach Fertigstellung des Buches, sodass sie dem Autor nicht viel nützen. Wäre das Buch ein Autounfall, hätte er sich längst ereignet, und wir wären alle längst davongelaufen oder -gekrochen. Sie sind meist (und so sollte es überhaupt auch sein) für Leser geschrieben, schweifen aber gelegentlich ab und drehen sich dann womöglich um das Bild des Kritikers vom Autor, um eine Literaturtheorie oder gar irgendein persönliches Problem, an dem der Rezensent sich gerade abarbeitet (gerade in US-amerikanischen Rezensionen scheint das ziemlich üblich zu sein). Ja, ich persönlich möchte Rückmeldungen zu meiner Arbeit, aber die bekomme ich von meinem Lektor oder meinem Agenten (der früher auch Lektor war) und bei Lesungen aus unfertigen Werken oder (höchst selten) von Leuten, denen ich ganze Abschnitte des ungenießbaren Chaos vorsetze, mit dem ich gerade ringe. Ich hole mir Meinungen von Menschen, denen ich vertraue, deren Urteilsvermögen ich kenne und verstehe.

Und versuchen Sie mal, eine Sammlung von Kurzgeschichten zu schreiben (das meine ich natürlich rein rhetorisch – es ist offensichtlich, dass es kaum wirtschaftlich oder persönlich tragfähige Gründe gibt, einen Band mit Kurzgeschichten zu schreiben. Es sei denn, natürlich, Sie lieben diese literarische Form, Sie närrischer und liebenswerter Fratz). Würden Sie es versuchen – und mein allererstes Buch war eine Kurzgeschichtensammlung –, dann stellen Sie sich vor, wie restlos verwirrend und verstörend die Besprechungen zwangsläufig werden. Erste Meinung: »Geschichte A ist Schrott, B ist okay, C so mittel.« Aber dann lesen Sie: »Geschichte C ist transzendent, A ganz okay und F gehört verboten.« Und so geht es unablässig weiter. Es ist unglaublich schwierig, Erzählungen zu rezensieren, ohne einzelne davon zu erwähnen, und da werden die Meinungen immer auseinandergehen, und zahlreiche Kritiken werden das zarte junge Hirn des betroffenen Schreibers schlicht verwirren. Mein erster Stapel Rezensionen war also auch mein letzter. Mein Verleger erzählt mir, in welche Richtung sie gehen.

Und in vielerlei Hinsicht sind Rezensionen auch für Verleger gedacht – durch sie soll überhaupt jemand erfahren, dass das verdammte Ding in der Welt ist, wo es winselnd auf den Betonfußboden des großen *Heims für Herrenlose Bücher* pinkelt und mit großen Augen durch den Maschendrahtzaun starrt, in der Hoffnung, mit zu Ihnen nach Hause zu dürfen. (Sehen Sie, was ich da gerade getan habe? Versucht, Sie zum Kauf zu animieren. Entschuldigung. Unverzeihlich. War ein harter Monat. Bitte ignorieren Sie mich einfach.) Dann werden Zitate aus den Kritiken geschnitten und kunstvoll arrangiert, sodass die Taschenbuchausgabe wirkt, als sei der Erzengel Gabriel persönlich auf die Erde herabgestiegen und habe das betreffende Werk mit seinem eigenen Herzblut geschrieben, und wer es nicht kauft, ist nicht nur verrückt, sondern auch seelisch krank und beißt wahrscheinlich kleinen Kätzchen die Köpfe ab. Leider liest sich jeder zweite Buchumschlag so – weshalb die Leser sich mit rettungslos schlechtem Gewissen und verknotetem Gehirn auf dem Boden des Buchhandlungscafés wälzen.

In den letzten beiden Wochen war es besonders leicht, nichts zu lesen, weil ich hauptsächlich im Proberaum auf und ab stapfe und letzte Hand an *Words* lege, um mich auf die Vorpremieren nächste Woche vorzubereiten, und danach habe ich eine Aufführung pro Tag bis zum Ende aller Zeiten. Oder bis Ende August, je nachdem, was früher eintritt. Das heißt, ich bin körperlich fitter, als ich normalerweise sein möchte, lauter als sonst und süchtig nach Bananen. Nichts bringt einen besser durch einen langen Tag unablässigen Redens und Laufens als sieben oder acht Bananen.

Die ganzen Proben haben zur Folge, dass ich zwar erschöpft, aber auch ziemlich beschwingt bin. Ich gehe gern mit dem Programm auf die Bühne – einerseits, weil es mir Gelegenheit gibt, anderen Menschen ungefiltert von Worten und dem Schreiben und Bedeutung und den Albernheiten des Schriftstellerdaseins zu erzählen. Außerdem führt es mich zurück zu dem, was mich überhaupt zum Schreiben gebracht hat – Sprache hören und fühlen. Leser dieses Blogs sind natürlich herzlich willkommen, sich das Ganze anzusehen. Schauen Sie ruhig vorbei. So, und jetzt muss ich wieder ein bisschen heulen. Vorwärts.

6

Also: die Kurzgeschichte. Wenn wir vernünftig sind und erzählende Literatur lieben, werden wir übereinstimmen, dass sie eine gute, anspruchsvolle und schöne Form ist. Vielleicht nicht besonders riesig und angeberisch, als würde man den Eiffelturm verschwinden lassen – vielleicht ein wenig, als würde jemand so lange Ihre leere Hand halten, bis sich auf einmal höchst eigenartig und befriedigend die Kamee Ihrer Großmutter und der pudrig-süße Duft ihres Lippenstifts darin finden. Die Kurzgeschichte ist klein, kann aber eine ungeheuer durchschlagende Wirkung haben – nicht unähnlich, wie ich an dieser Stelle fast immer sage, einer Kugel.

Ich habe einen gewissen Ruf als Autorin von Kurzgeschichten, weshalb Menschen mich immer wieder mal bitten, ihnen eine zu schreiben. Immer häufiger werden diese Bitten an Bedingungen und Themen geknüpft. »Könnten Sie bis nächste Woche eine Kurzgeschichte zum Thema Undurchlässigkeit schreiben?« – »Wir brauchen bis Dienstag irgendwas über Fische.« – »Wir hätten es gern bis heute Nachmittag – und es soll Plymouth vorkommen, außerdem eine kleine Szene, in der ein rothaariger Mensch etwas aus Seife schnitzt, und ein Linkshänder namens Simon, der seiner eigenen Sterblichkeit in Form eines Mottenschwarms gegenübertritt.«

Meine Antwort auf derlei Anfragen lautet oft: »Nein.« Aus verschiedenen Gründen. Ich verwahre mich aus Prinzip gegen wenig hilfreiche Themen- und Zeitvorgaben, weil ich unter anderem deshalb schreibe, weil dabei niemand bestimmen kann, was ich tun oder denken soll. Ich mag solche Einmischungen nicht, sie bringen mich nicht weiter, und meine Fähigkeiten wachsen auch nicht daran. Ich habe auch keine Freude an Beschränkungen einer Form, die sich so frei bewegen und ausdrücken sollte, wie sie möchte.

Manchmal ist ein Thema eine Inspiration oder harmoniert mit einer Idee, die man schon hatte, aber Zeitschriften oder Zeitungen oder überhaupt Menschen, die vorgeben, die *Kurzgeschichte retten zu wollen*, begrenzen oftmals nur ihre technische und imaginative Bandbreite und sorgen für Ergebnisse, die sich wie ein wenig übertriebene, emotionale Leitartikel lesen. Dadurch bekommen Uneingeweihte keine gute Meinung von der Kurzgeschichte. Und würde irgendjemand eine Schriftstellerin anrufen und sie bitten, einen *Themenroman* zu schreiben? So gut gemeint die Herangehensweise auch sein mag, sie scheint doch irgendwie zu implizieren:»Ist ja nur eine Kurzgeschichte – so was haust du doch in zwei Stunden raus –, hier sind ein paar Bausteine zum Losbasteln.«

Natürlich werde ich auch von Leuten um Geschichten gebeten, die meine Interessen kennen. Wenn zum Beispiel jemand an mich herantritt – wie jüngst geschehen –, und um eine Geschichte bittet, in der Sex vorkommt, dann wird der Fragende kaum mit leeren Händen ausgehen. Andererseits könnte die Formulierung des Auftrags die Gedanken der Autorin allzu sehr auf das lenken, was nicht unbedingt der Höhepunkt sein muss. Denn bei Literatur über Sex geht es meist gar nicht um Sex – es sei denn, Sie haben sich klugerweise dafür entschieden, lukrative Pornografie zu produzieren anstatt wohlfeile und obskure Hochliteratur. Ein Porno braucht keine psychologische Tiefe, emotionale Bandbreite, entwickelte Charaktere oder eine richtige Handlung (all das wäre dabei sogar höchst verstörend). Erotische Literatur – also Pornografie für Schüchterne und die Mittelschicht – folgt im Großen und Ganzen den gleichen Regeln.

Aber Literatur, in der Menschen Sex haben, ähnelt in mancher Hinsicht erstaunlich solcher Literatur, in der Menschen Kaffee mahlen, feuchte Teebeutel ablecken, Posaune spielen oder in ein Häuschen auf dem Lande fahren – sie enthält nämlich eine alltägliche körperliche Aktivität, die mit einem Sinn für Charakter, Psychologie, Stimme, Ton und Handlung beschrieben werden muss. Nehmen wir mal an, unsere Figuren haben Gruppensex: Das könnte ihre große Leidenschaft sein, weshalb jede einzelne Silbe von aufgeladener Bedeutung schwillt. Oder aber der Subtext könnte das gesamte Geschehen mit düster drohendem Schicksal überschatten, das mit dem Fleischverarbeitungsbetrieb zusammenhängt, wo einer von ihnen demnächst von einer schlecht gestapelten Ladung zermalmt werden wird. Ihr Lächeln und ihre emsig-fröhlichen Finger könnten gefärbt sein von Tragödie, Verärgerung, Schläfrigkeit, Langeweile, Seekrankheit, was immer Sie wollen – bis zu einem gewissen Grad *spielt es keine Rolle, was sie tun.* Sollte Ihr Plot erfordern, dass einer Ihrer Protagonisten so etwas aussichtslos Langweiliges erledigen muss wie einen deutschen Stahlhelm blank zu wienern oder eine klebrige Perlenkette zu putzen, dann haben Sie die Macht, dieser Tätigkeit jede emotionale und psychologische Färbung, Subtexte, Leitmotive und Atmosphäre zu verleihen, die Sie oder die Geschichte brauchen. Wenn Sie wollen und müssen, können solche Szenen mit gutem Grund – wie unwahrscheinlich das auch klingen mag – so dampfend sinnlich und scharf sein, als würden Sie Ihre frisch gebutterte Hand mehrfach in den Briefschlitz des Schriftstellerverbandes schieben. Oder auch so langweilig wie Ihre Kniekehle.

Manchmal fällt es schwer, das anderen Menschen – oder Journalisten – zu erklären, die meine Bücher gelesen haben und dann offenbar annehmen, dass ich alle möglichen anstrengenden Recherchen auf diesem Gebiet betrieben habe, wofür es mir allerdings in jeder Hinsicht an Flexibilität mangelt. Prosa über Sex ist immer noch Prosa – hier gelten die üblichen Verfahrensvorschriften. Es kann gelegentlich verstörend sein, sich mit den Texten aufstrebender Autoren und Autorinnen zu beschäftigen, wenn die Hälfte der eigenen Randbemerkungen sich ungefähr so anhört: »Soweit ich weiß, ist der durchschnittliche Penis keinesfalls einen Meter lang und geht auch nicht um die Ecke.« Oder: »Folgt auf diese Szene rekonstruktive Chirurgie?« Und ein weiterer Prozentsatz der Kommentare beschäftigt sich dann mit Fehlern aus Verlegenheit oder beabsichtigter Schockwirkung. Als Schriftsteller sitzen wir schon im Privatgemach des Leserhirns und genießen die üblichen Intimitäten, die wir uns hoffentlich durch unsere herrlich interessante, hypnotisierende, poetische usw. Sprache verdient haben. Jetzt hinter einem feuchten Busch hervorzuspringen und wild zu ejakulieren, wäre in den meisten Fällen unangemessen und schäbig. Und natürlich gibt es beim Schreiben über Sex überhaupt keinen Grund für Peinlichkeit oder Scham – die Leser denken schon lächerlich oft genug pro Stunde an Sex, ohne dass wir ihnen noch weiterhelfen müssen. Wir träumen einfach nur gemeinsam – da ist alles möglich.

Bevor man Seiten einscannte und Texte mailte, konnte ich vorhersagen, dass die Zahl der Satzfehler zunehmen würde, wenn es auf der betreffenden Seite körperlich besonders energisch zur Sache ging. Das kam mir immer einigermaßen erstaunlich vor, denn nach den üblichen vielfachen und gründlichen Überarbeitungen ist jede einzelne Passage dieser Art bis zur Abstumpfung ergründet worden und in mehrfacher Hinsicht nur noch ein Ausdauertest, ein zu überwindendes Hindernis, eine schwer zu nehmende Kurve. Da ich also auf die saftigeren Stellen meiner Texte oft nur noch rein intellektuell anspreche, bin ich gelegentlich überrascht von den Reaktionen auf Lesungen – obwohl doch die Konvention bei literarischen Veranstaltungen vorschreibt, dass selbst die anstößigsten und am stärksten tabuisierten Wörter, Handlungen oder Themen zulässig sind, solange nur gründlich genug über sie nachgegrübelt wurde und sie dann zu Papier gebracht worden sind (was im Grunde ziemlich pervers ist, wenn man mal darüber nachdenkt). Auch von einzelnen Lesern erreichen mich bisweilen recht unerwartete Rückmeldungen. Was Buchliebhaber in der Abgeschiedenheit ihrer elegant eingerichteten Hirnwindungen und Lesezimmer tun, ist meines Erachtens ihre Sache. Und manchmal hege ich den starken Wunsch, dass es auch so bleiben möge.

Aber jetzt muss ich eine Kurzgeschichte zu Ende schreiben. Vorwärts.

7

Also: der neue Roman. So nenne ich ihn in der schwachen Hoffnung, dass er mich hören kann und sich in einen verwandeln wird –
im Moment ist er natürlich noch *Neues Notizbuch voller Zeugs und*
ein paar einzelnen Absätzen vom Anfang. Ein langfristiges Projekt
bedeutet, wie Sie wissen, einen riesigen und möglicherweise aber-
witzigen Aufwand an Zeit und Engagement, etwas, das Ihnen je-
derzeit unter den Händen zerbröseln kann; das Ihnen Wunder versprechen, aber auch zweimal husten und sich in Staub und Asche
verwandeln kann, nachdem Sie drei Jahre Vorbereitung und ein
Jahr Arbeit investiert haben. In diesem Jahr wird der übliche Horror noch verstärkt durch eine langwierige Grippe. Mein Mitgefühl
gilt all jenen unter Ihnen, die ebenfalls noch im Klammergriff aller
saisonal verfügbaren Viren taumeln – Sie können sich sicher gut
vorstellen, wie viel ernsthafte Arbeit ich tatsächlich erledigt bekomme, wobei ich mich fühle, als wäre ich auf einem Schiff auf hoher
See gefangen, wo mir jemand mit einem stumpfen Schleifgerät eine
Migräne ins Gesicht zu drücken versucht. Immer im Kreis dreht
sich der Schleifkopf: Ich müsste schon weiter sein. *Ich müsste schnel-*
ler gesund werden. Ich sollte jetzt schon einen hübschen Stapel Seiten
haben, an dem ich herumschnitzen kann. Ich müsste …
Ehrlich gesagt *sollte* und *müsste* ich im Grunde ständig woanders und jemand anders sein, als ich derzeit tatsächlich bin. In den
Anfangsstadien sind all meine Romane immer torpediert worden,
und zwar, in dieser zeitlichen Reihenfolge, durch meinen Haupt-
job, meinen Teilzeitjob, durch die anderen Texte, an denen ich
noch schrieb, während ich eigentlich die Romane schrieb, durch
die Sachen, die ich bis dahin schon längst hätte fertig haben sollen,
sowie – natürlich – die grässlichen Krankheiten, die den Körper
befallen, wenn man ihn unbedingt zum Arbeiten und Zugfahren

zwingt und ihm keine freien Tage und Zoobesuche mit Luftballons gönnt. Und wenn man sein allgemeines Programm inspirierender und aufbauender Wohltaten nicht wie gewünscht weiterführen kann. Im Augenblick mache ich mir mehr Sorgen, als normal ist, andererseits mache ich mir immer mehr Sorgen, als normal ist – dann muss das wohl normal sein, oder?

Beim Schreiben kommt es, mehr als Sie glauben mögen, darauf an, dass der Schriftsteller eine ganze Zirkustruppe hässlicher Ängste beiseiteschiebt und ihnen zum Trotz einfach nur tippt. Wenn ich meinen eigenen romanbezogenen Ängsten erst einmal ausgewichen bin, gewöhne ich mich an den vertrauten Kreislauf von Begeisterung und Verzweiflung – ich wache mitten in der Nacht auf, weil mir endlich der richtige Name für die männliche Hauptfigur eingefallen ist. Sofort hört er auf, mit mir zu reden, und ich liege im Dunkeln und frage mich, was er im Schilde führt, ob er jemand anderen gefunden hat, um sich Ausdruck zu verschaffen; plötzlich habe ich eine Ahnung, genau den richtigen emotionalen Ton und die richtige Abfolge für die Einstiegspassage gefunden zu haben: ich gehe zur fraglichen Seite, und alles steuert auf schreckliche Abwege, bleiern und zäh, und ich quäle mich viel zu lange mit einer winzig kleinen und womöglich irrelevanten Beschreibung herum; ich glaube, den Titel des Buches zu wissen, weiß ihn anscheinend schon eine ganze Weile und war zufrieden damit: Aber ist es auch ein *guter* Titel, wird er *funktionieren*?

Darüber hinaus stellt sich das Gefühl ein – selbst wenn man ganz und gar gesund ist –, dass es unfassbar ermüdend ist, ein Wort an das andere zu reihen. Obwohl das wahrscheinlich ein gutes Zeichen ist. Wenn ich am Anfang eines Buches nach ein paar Seiten in meinem speziellen Tippstuhl einschlafe, ist das ein ganz hervorragendes Zeichen. Das kommt daher, dass Schreiben so erschöpfend ist. Nicht auf die gleiche Art erschöpfend wie Kohlebergbau oder den Leichnam eines erfrorenen Gefährten über einen eisigen Alpenpass zu schleppen, aber anstrengend ist es schon. Zum Ende des Romans hin wird es einfacher. Wenn man sich monatelang so fest konzentriert, wie man nur kann, und dann noch ein bisschen fester, wenn man über Sinn und Musikalität und Rhythmus und Psychologie und Ton und Metaphern und Energie und Tempo und noch eine ganze Reihe technischer Dingsdas nachgedacht hat, dann sind alle Überreste des Denkens in die richtige Form gezwungen, und der Roman selbst hilft auch weiter – die Figuren diktieren einem mit Freude, was sie zu tun und nicht zu tun bereit sind, und vorangehende Ereignisse werden ihre Folgen beisteuern. Doch ich stelle fest, wenn ein Buch erst fertig ist, wenn ich nach ein paar Wochen Pause zur ersten Runde allgemeiner Überarbeitungen schreite, hat sich meine ganze hart erkämpfte Ausdauer in Luft aufgelöst und ich bin wieder schwach, jämmerlich kraftlos. Darum bin ich immer ganz froh, wenn ein frischgebackener Autor, eine junge Autorin zu mir kommt und verwirrt und niedergeschlagen bemerkt: »Es ist richtig *schwer*.« Das bedeutet häufig, dass sie angefangen haben, ihrer Arbeit die Mühe und Anstrengung zu widmen, die sie (und die freundlichen Leserinnen und Leser) verdient. Es gibt Ausnahmen zu dieser Müdigkeitsregel – beim Schreiben gibt es immer Ausnahmen. Es sei denn, es gibt keine, was die Ausnahme zu dieser Regel wäre. Ich bin nie verstört, wenn irgendwas *so unbedingt* geschrieben werden will, dass es sich auf die Seite stürzt, sobald ich es nur lasse, und mich nicht mehr loslässt, bis es fertig ist – und wenn ich mich ein paar Tage lang mit Kopi Luwak und Red Bull wach halten und zusammenreißen muss, dann ist es eben so. Aber so etwas ist mir noch nie am Anfang eines Romans passiert. Das fühlt sich meiner Erfahrung nach eher an wie nackt und von hämischen Beobachtern umstellt zu sein, während ich ein gefrorenes Klavier über einen matschigen Alpenpass schleife und von allen Seiten Geisterstimmen auf mich einmurmeln: »Du bist scheiße.« Und: »Das ist eine ganz schlechte Idee.« Und: »Du hast echt überhaupt keinen erwähnenswerten Arsch in der Hose, oder?«

Jetzt aber freue ich mich auf meine baldige Genesung, damit ich der ganzen Romanschreiberei auf traditionellere Art aus dem Weg gehen kann – indem ich Staub wische, Suppe koche, in die Luft starre, auf und ab gehe, das Treppenhaus neu streiche, Nickerchen mache, weine, in Ohnmacht falle ... Dennoch kommt es irgendwann immer dazu, dass ich auf das Ding einschlage, bis es zurückschlägt. Es ist herrlich und bewusstseinsverändernd, und ich könnte nicht ohne leben. Vorwärts.

8

Also dann – erst mal vielen Dank an alle, die mir nach meinem letzten Blogeintrag Ermutigung und Mitgefühl zuteilwerden ließen. Ich möchte gern glauben, dass wir hier alle im selben Boot sitzen, und wenn man sich in den Abgrund eines neuen Buches stürzt, kann es zwar helfen, dass man vorher bereits mit gewissem Erfolg andere Bücher geschrieben hat, doch das kann auch belastend wirken und ist in mancherlei sehr realer Hinsicht völlig irrelevant. Am Anfang eines neuen Buchprojekts haben wir wahrscheinlich alle das deutliche Gefühl, dass wir uns anzukleiden vergessen haben und dass andere uns anstarren – und dass wir auf der Spitze eines Pfahls sitzen – von Kopf bis Fuß bedeckt mit wütenden, schmierigen Fledermäusen. Womöglich wissen wir jetzt, wie wir bis zum Ende früherer Bücher getaumelt sind, doch das bedeutet nicht, dass wir einen Schimmer haben, wie wir dieses hier zum Abschluss bringen sollen, oder ob wir einfach auf halbem Weg über seine hässliche Veranda verenden werden, die schäbige Haustür schon vor Augen.

Da sind wir also – vereint und doch furchtbar isoliert durch unsere eigene Verwirrung. Und mit »wir« meine ich diejenigen von uns, die irgendetwas zu tippen versuchen – nicht einfach alle, die zu meiner Spezies gehören und mit denen ich die vorzügliche Gemeinschaft der Erfahrungen und Träume teile. Bitte, lesen Sie gern weiter, auch wenn Sie nicht schreiben, aber behalten Sie im Hinterkopf, dass ich Sie von nun an so ansprechen werde, als würden Sie … Die Sache ist die: Es ist lächerlich und wunderbar unklug von uns, sich überhaupt an einem Roman zu versuchen, und wer behaupten will, dass dieser Prozess nicht grauenhaft ist oder jedenfalls sehr bald sein wird, ist ein großer Schwindler. Meiner Meinung nach.

Falls es Sie interessiert, ich habe den Anfangsklumpen für meinen Roman zurechtgehauen und lasse ihn jetzt etwas abkühlen – teils, damit wir uns beide erholen können, teils, weil *Andere Sachen* dazwischengekommen sind.

Reden wir über *Andere Sachen*, und fangen wir mit einer Rückblende in die frühen 90er an. Stellen Sie sich vor, wie ich, eine Schreibanfängerin, in London im Garten von Brian Patten stehe und denke:»Ooh. Sie habe ich gelesen, als ich noch zur Schule ging.« Aber ich sage es nicht laut, weil Dichter manchmal empfindlich in Bezug auf ihr Alter sind. Mr Patten war ein reizender Gastgeber, doch im Verlauf unseres Gesprächs überraschte er mich, indem er mitten im Satz abbrach, in seinen Hosentaschen wühlte und etwas sagte wie:»Davor müssen Sie sich in Acht nehmen. Und *davor*. Und *davor. Sehen Sie?*« Aus seinen Taschen holte er ... so gut wie nichts, kleine Fusselknäuel und Krimskrams.»*Davor.*« Er schwenkte seine Hand, leicht bestaubt mit dem, was wir in Schottland *oose* nennen würden, Flusen, und fuhr fort.»Das hält einen vom Schreiben ab. Die ganzen *anderen Sachen.* Die lauern überall. *Überall.*« Und schon verschwanden seine Fäuste wieder in den Hosentaschen und suchten weiter.

Irgendwie wusste ich schon, was er meinte, aber da ich zu der Zeit noch einen Teilzeitjob hatte und glaubte, dass ein großer und toller Vollzeitautor wie Mr Patten in Wirklichkeit hektarweit Platz hatte, um gedanklich herumzutollen und sich Sachen auszudenken, nahm ich ihn nicht allzu ernst.

Doch er hatte natürlich recht – was einen hauptsächlich vom Schreiben abhält, wenn alles, was man eigentlich machen muss, schreiben ist, ist der anscheinend ganz sanfte Strom kleinster, aber unweigerlich ablenkender Ablenkungen. Allmählich füllen sich alle verfügbaren Taschen mit Aufgaben, die man erledigen muss, die aber nicht wirklich Schreiben sind. Manche davon sind ganz herrlich, dennoch sind sie alle *im Weg.*

Zum Beispiel muss ich jeden Morgen – wenn ich irgendwo in der Nähe meiner Heimatstadt Glasgow bin – die Post aus meinem Hochsicherheitspostfach holen und sie dann nach Sendungen durchsuchen, die ich haben möchte oder verstehe. Oft sind es unbedeutende, aber notwendige Verträge, und ich muss zugeben, dass ich den größten Teil davon nicht verstehe, dennoch muss ich mich irgendwie durchwursteln und sie unterschreiben und eintüten und zurückschicken. Jede Woche kriege ich ungebeten vier oder fünf Bücher zugeschickt, und ich könnte sie nur lesen, wenn ich nichts anderes tue, und glauben Sie mir, es bricht mir das Herz, dass ich wahrscheinlich kein Zitat für den Buchumschlag und keine Rezension liefern oder sie an bedeutsamer Stelle erwähnen (die Leute, die mir Bücher schicken, glauben, dass ich mich in einflussreichen Kreisen bewege, und lassen sich auch nicht vom Gegenteil überzeugen) oder sie überhaupt nett behandeln kann. Manche nehme ich tatsächlich mit nach Hause und nehme mir vor, sie mir anzuschauen und dann … entdecke ich sie ein halbes Jahr später ganz unten im Noch-zu-lesen-Stapel, und sie starren mich traurig an und machen mir ein schlechtes Gewissen, wenn wir zusammen zum Oxfam-Shop gehen. Das heißt, dass ich ein schlechter Mensch bin, ich weiß.

Und dann sind da noch die neuen Autoren, deren Manuskripte Unterstützung brauchen; als ich anfing, wurde ich auch unterstützt, darum muss ich Zeit für sie erübrigen, für Empfehlungen und Feedback und Nachdenken. Und gelegentlich brauchen auch meine Studierenden Feedback. Und dann die E-Mails an und von zwei verschiedenen Mailadressen, die oft Antworten oder Anhänge oder *Treatments* erfordern (ich habe keine Ahnung, wieso manche Menschen unbedingt *Treatments* sagen müssen, wenn sie Zusammenfassungen meinen, aber sie tun es) oder zumindest eine gewisse Stimmigkeit.

Und dann müssen Zugfahrkarten gebucht werden – und dann *andere* Zugfahrkarten, um die ersten zu ersetzen, weil die Pläne sich geändert haben, und der Rabatt, den ich fürs Frühbuchen bekommen hatte, verwandelt sich in eine Strafzahlung fürs Voreiligsein. Festivals wollen wissen, welche technische Ausstattung ich brauche (normalerweise habe ich gar keine, aber auch das mitzuteilen kostet Zeit), und Hotels wollen, dass ich Buchungen bezahle und Reservierungen mache, anstatt einfach am betreffenden Abend heulend am Empfang aufzutauchen, und dann muss ich überprüfen und gegenchecken, welche Absprachen ich und alle anderen getroffen haben, denn – glauben Sie mir – wenn ich nicht alles noch mal überprüfe, sitze ich an einem verregneten Sonntag in einer ausrangierten Bushaltestelle in Ilfracombe fest. Womöglich.

Und das hat alles – schon klar – damit zu tun, dass ich das große Glück habe, arbeiten und den Kopf damit einigermaßen über Wasser halten zu können, aber es treibt mich doch ein wenig in den Wahnsinn, noch bevor wir überhaupt zu den Dingen kommen, die ich mache, weil ich sie einerseits interessant finde und sie andererseits »mein öffentliches Profil schärfen«, und die alle riesige Mengen Vorbereitungszeit und Auswendiglernen verlangen (dabei kann ich mich eigentlich nur noch an Sachen erinnern, die an meinem Körper befestigt und unmissverständlich beschriftet sind), bevor ich dann hierhin und dorthin zockele und Auftritte hinter mich bringe und Radiosachen aufnehme oder verängstigt in Fernsehstudios sitze.

Ich brauche einen persönlichen Assistenten. Ich habe keinen persönlichen Assistenten. Ich kann mir keinen persönlichen Assistenten leisten. Ich habe erst einen persönlichen Assistenten getroffen, den ich wirklich mochte und für hervorragend hielt, und der gehört (vielleicht buchstäblich) Derren Brown und hat daher an einem durchschnittlichen Arbeitstag mehr Spaß, als ich ihm im ganzen Leben bieten könnte. Also kein persönlicher Assistent. Wie sagte mal jemand zu einem Freund von mir auf einer Party von der Art, auf die ich nicht gehe:»Meine Leute haben mir gesagt, dass Sie keine Leute haben …«

Aber wissen Sie, was mich rettet? Jedenfalls rettet, was von mir übrig ist? Mehr davon (und das liegt nicht bloß daran, dass ich Calvinistin bin und die Antwort auf *Zu viel Arbeit* nur *Noch mehr Arbeit* lauten kann). Entweder kann ich meinen Lebensunterhalt nicht verdienen, oder ich muss tun, was ich tun muss, und versuchen, das Beste daraus zu machen – jedenfalls teilweise, denn kein Mensch sollte je gezwungen sein, mir persönlich zu assistieren, nicht mal für Geld: Das wäre unzumutbar. Wenn ich also mal wieder knietief in zu vielen Mails stecke, bedeuten noch mehr Mails womöglich, dass Menschen, die eins meiner Bücher gelesen haben – und über alle Maßen freundlich und unterstützend sind –, mir ihre Meinung schreiben und/oder Sachen zuschicken, die fast nie beängstigend sind. Das muntert mich auf, ich kann mir für eine Weile weniger Stress machen wegen Sachen, die eigentlich Manifestationen meines persönlichen Glücks und gar nicht stressig an sich sind. Ich kann mich daran erinnern, dass ich mich eigentlich immer auf die Freundlichkeit fremder Menschen verlassen habe. Wenn sie mich nicht lesen, hört all das hier auf. Und da es noch nicht aufgehört hat, kann ich immer wieder zu dem uralten Trick greifen und *Zu viel Schreiben* mithilfe von *Noch mehr Schreiben* wie reines Vergnügen wirken lassen. Also päppele ich neben dem Roman noch ein kleines Hörspiel auf – und wenn ich am einen arbeite, kann ich so tun, als sollte ich eigentlich das andere machen, und umgekehrt. Nicht ideal, aber sehr viel besser als nichts. Vorwärts.

9

Hallo aus meinem Hotelzimmer. Ich weiß nicht mehr, in wie vielen Hotelzimmern ich gewohnt habe, seit ich Ihnen das letzte Mal geschrieben habe, aber sie waren zahlreich und unterschiedlich und haben mich in der Ansicht bestärkt, dass ich, wenn möglich, immer auf die gleiche Hotelkette zurückgreifen sollte, weil ich mich dann immer wie zu Hause fühlen kann – in einem relativ preiswerten, neutralen und tippgeeigneten Zimmer. Die Anfänge und ersten Entwürfe meiner Bücher haben mehr Zeit in Hotelzimmern verbracht als selbst die tüchtigsten Spielerfrauen.

Wenn Sie den letzten Blogeintrag gelesen haben: Mein cleverer Plan, die Arbeitszeit zwischen dem Hörspiel und dem Roman aufzuteilen (und nebenbei noch ein bisschen Comedy und einen Auftritt in Bath einzuschieben), ist irgendwie zusammengebrochen, als das Hörspiel die Oberhand gewann, unanständig aufdringlich wurde und am Ende alle verfügbaren Zeitschnipsel der letzten Woche an sich riss, in denen ich nicht über irgendeine Bühne schlenkerte oder irgendeinen Bahnsteig hechtete. Das Hörspiel ist bereits bei seinem vorgesehenen Empfänger, der eingewilligt hat, von nun an für es zu sorgen – wahrscheinlich pinkelt es schon auf seinen Teppich, zerkaut seine Hemdkragen und winselt liebenswert, wenn er es wieder ins Körbchen legt. Wofür ich mich natürlich entschuldige. Und selbstverständlich wird es, sobald er schläft, aus seiner Kiste kriechen und sein Blut trinken. Aber auf ganz liebevolle Weise. Stücke – ob für die Bühne oder für das Aufnahmestudio – verlangen jede Menge Aufmerksamkeit. Und zwischen den Meetings ist es einigermaßen friedlich – ich bin gerade in London, wo Meetings stattfinden, außerdem natürlich auch Raubüberfälle, die im Grunde auch nur eine besonders intensive Form von Meeting sind ... Jedenfalls wird es höchste Zeit für eine kleine Plauderei mit dem Roman. Ein neuer Abschnitt rüttelt am Zaun und will zum Ausdruck gebracht werden. Doch ehe ich damit anfange, wollte ich gern einen Blick auf den Vorgang werfen, den im Grunde außer dem Autor niemand zu sehen bekommt – den man selbst unter vier Augen mit den Studierenden nur schwer greifen kann: Wie ein Wort ans andere gereiht wird.

Also. Das hier wird nicht im Roman landen, aber nehmen wir mal an, ich habe so ein Gefühl, dass ein Mann in der Nähe ist, und zwar genauer gesagt, in einem Zimmer. Normalerweise würde ich nicht mit etwas so Unbestimmtem anfangen – das erzeugt nur einen irren Aufwand beim Umschreiben – aber damit lässt sich zumindest demonstrieren, wie man, wenn man etwas geschrieben hat, die Worte herumschieben und herausfinden kann, welche Spielkameraden sie brauchen, welche Wege sie vielleicht beschreiten wollen. Ob mit oder ohne Vorbereitung, das nun folgende Auswählen und Abschleifen und Anstarren ist unvermeidlich – mehr Vorwissen würde es nur fundierter machen.

Also.

Also noch mal von vorn.

Ein Mann und ein Zimmer.

Genau.

Ein Mann geht in ein Zimmer.

Los geht's. Er ist also ein Mann, definitiv ein Mann, keine Dame, kein Einhorn, auch kein Lausejunge – hat nicht mal Lausejungeneigenschaften – vielleicht Einhorneigenschaften? Sucht er die Gesellschaft von Jungfrauen? Nicht dass ich wüsste. War er vielleicht mal eine Dame? Nein.

Ein Mann geht in ein Zimmer.

Sicher, dass es nicht der Mann heißen müsste? Ein bisschen bestimmter – *der Mann*. Ist ja schließlich der bestimmte Artikel und so. Sind aber beide ziemlich langweilig. Wie wäre es mit – *unser Mann*? Aus Gründen, die ich nicht näher beschreiben kann, gefällt mir *unser Mann*. Es hat gewisse Implikationen.

Unser Mann geht in ein Zimmer.

Präsens. Fühlt sich richtig an. Mache gerade eine Menge im Präsens. Werden wir uns über das Präsens Gedanken machen?

Nicht jetzt. Irgendwas sagt mir, dass durch Recherche oder Vorbereitung noch etwas über unseren Mann enthüllt werden wird, und wenn er in der Gegenwart bleibt, dann erfährt er diese Dinge gleichzeitig mit uns, und das finde ich gut so. Ich belasse es erst mal dabei.

Aber das *ein* passt mir nicht so recht ... Das kraftvoll-elastische *Unser Mann* macht *ein Zimmer* doch ziemlich flach und durchsichtig. Und er ist kein durchsichtiger Typ. Ich glaube allerdings auch nicht, dass es *das Zimmer* ist. Ich glaube, es ist *sein Zimmer*.

Unser Mann geht in sein Zimmer.

Hmmm. *Geht* ist natürlich entsetzlich. Mal abgesehen von der Tatsache, dass wir den Mann einfach nur in diesem Zimmer brauchen und schlicht voraussetzen können, dass er auf eine der üblichen, den physikalischen Naturgesetzen gehorchenden Arten hineingelangt ist und das Eintreten gar nicht beschrieben werden muss – Gehen ist einfach langweilig.

Hüpfen?

Also, wenn du lieber albern als hilfreich sein willst ...

Hinkt.

Aaah, *hinkt* gefällt mir ganz gut – vielleicht ist er schon rumgekommen und hat einiges erlebt, unser Mann. Womöglich hinkt er. Womöglich höre ich den schweren Schritt durch den dünnen Teppich auf den Holzdielen ... Aber größere Probleme habe ich mit dem *in sein Zimmer* – es hängt irgendwie ein bisschen klebrig und unmelodisch am Ende des Satzes. *In sein ...* gefällt mir nicht.

Unser Mann ist in seinem Zimmer.

Ah, na also – ist zwar eine Silbe mehr, aber kein Rumgehampel, wir brauchen keine Lebensgeschichte von ihm – okay, vielleicht schon, aber nicht jetzt und hier. Ja.

Unser Mann ist in seinem Zimmer.

Das hat irgendwie Rhythmus. Wir brauchen so etwas wie Rhythmus – das drückt die Sätze so viel tiefer und so viel leichter ins Hirn unserer lieben Leser, und sie merken es so viel weniger. Und es ist nötig, dass sie es nicht merken, sie sollen sich einfach öffnen und uns machen lassen. Gut. Möglicherweise.

Dies ist ein recht kurzer Satz – ist es überhaupt ein Satz? Arbeiten wir mit so einer Art Stakkato, abgehackter Einstieg, und dann kommen wir allmählich zur Ruhe?

Er steht auf.

Offenbar.

Seine Whiskyflasche liegt in der Schreibtischschublade.

Genau, ich dachte mir schon, dass wir gleich ein paar finstere Gassen entlangstrolchen – hör auf mit dem Quatsch. Er ist nicht durstig, er trägt auch keinen Fedora, aber wenn Sie sich einen Moment lang vorstellen wollen, er sei Humphrey Bogart, dann dürfen Sie, das könnte nämlich helfen. Wir mögen Humphrey Bogart. Wir glauben an ihn.

Unser Mann ist in seinem Zimmer. Er steht auf.

Steht er wirklich auf, weil er gesessen hat? Oder hat er vielleicht doch schon die ganze Zeit gestanden? Was wollen wir andeuten?

Der Ledersessel, den ihm seine Tante Maude 1976 geschenkt hat, knarrt beim Aufstehen und lässt ihn an seine Vorliebe für Latexunterwäsche denken.

Ich werde dir gleich gewaltig eine reinhauen. Von wegen Exposition. Wohl eher Exhibitionismus. Also ehrlich.

Er steht am Fenster.

Okay. Reicht aber nicht.

Er steht am Fenster und wartet.

Gar nicht so unmelodisch. Kann ich das noch mal alles zusammen hören.

Unser Mann ist in seinem Zimmer. Er steht am Fenster und wartet.

Das könnte erst mal genügen.

Vielleicht sind wir auch ein bisschen kurz angebunden, weil er angespannt ist, was ganz in Ordnung ist – er ist unser Mann –, wenn er angespannt ist, sind wir alle angespannt.

Das Licht des Sonnenaufgangs erleuchtet seine breiten Wangenknochen.

Also gut, ich stopfe jetzt einen Strumpf mit den Äpfeln vom Zimmerservice voll, schleife dich ins Bad und schlage damit so lange auf dich ein, bis du dich entweder zusammenreißt oder stirbst wie das nutzlose Frettchen, das du offensichtlich bist.

Licht und *erleuchtet?* Weil wir so auf hilf- und sinnlose Wiederholung stehen? Und überhaupt, *erleuchtet?* Wie hoch liegt denn das Fenster – ich hätte gedacht, im oberen Stockwerk –, und wie fällt das Licht da auf ihn? Dass die Sonne aufgeht, finde ich gut, aber mir würde zuerst *Morgendämmerung* einfallen, und LASS DICH NICHT NOCH MAL ERWISCHEN, WIE DU SO DIE PERSPEKTIVE WECHSELST – DAS IST EIN PERSONALER ERZÄHLER HIER. ER KANN WOHL KAUM SEINE EIGENEN WANGENKNOCHEN SEHEN, ODER? DENKT ER JETZT PLÖTZLICH ÜBER SEINE WANGENKNOCHEN NACH? SCHAUT SEIN SPIEGELBILD IN DER FENSTERSCHEIBE AN, WAS GAR NICHT FUNKTIONIEREN KANN, WEIL ES JA DRAUSSEN HELL IST WEGEN DEINES BLÖDEN SONNENAUFGANGS – DU KRIEGST GLEICH MIT DEM APFELSTRUMPF, FREUNDCHEN, WORAUF DU DICH VERLASSEN KANNST.

Unser Mann ist in seinem Zimmer. Er steht am Fenster und wartet, draußen geht die Sonne auf, und er sieht zu, wie es hell wird. Es hat etwas Bedächtiges, das ihm gefällt.

Vielleicht. Weniger abgehackt jetzt – hier wirkt er viel solider und glatter, aber das doppelte *es* gefällt mir nicht. Noch dazu gleich hintereinander. *Es* ist oft ziemlich unscharf, und, wie bereits festgestellt, machen Wiederholungen mich reizbar. *Wie es hell wird – es hat etwas* – fast schon ein Zungenbrecher.

Draußen geht die Sonne auf, und er sieht zu. Ihr Aufstieg hat etwas Bedächtiges.

Vielleicht.

In ihrem Aufstieg liegt etwas Bedächtiges.

Vielleicht.

In ihrer Wärme liegt etwas Bedächtiges, das ihm gefällt.

Und noch mal bitte?

Es liegt etwas Bedächtiges in ihrer Wärme, das ihm gefällt.

Da ist zwar immer noch ein *es*, aber das scheint hier verzeihlich … klingt besser zum Auftakt, finde ich. Können wir nicht weglassen. Noch einmal von Anfang an.

Unser Mann ist in seinem Zimmer. Er steht am Fenster und wartet, draußen geht die Sonne auf, und er sieht zu. Es liegt etwas Bedächtiges in ihrer Wärme, das ihm gefällt.

Und ist das ein Hotelzimmer oder ein Schlafzimmer oder ein Arbeitszimmer? War er die ganze Nacht auf? Schläft er normalerweise? Ist jemand bei ihm? Schläft dieser Jemand noch? Warum gefällt ihm die Langsamkeit? Hinkt er etwa? Kann man dieses Wort verwenden, ohne sofort an schlechte Vergleiche zu denken?

Und wir würden weitermachen, immer weiter, vor und zurück und rundherum, bis es so gut ist, wie wir es hinbekommen.

Und dann noch ein bisschen weiter.

Willkommen zum Rest meines Abends. Vorwärts.

10

Endlich Frühling, meine Allerliebsten – und wie anders mein anscheinend endloses Herumhämmern am Roman sich im grünen und luftigen Morgenlicht ausnimmt. Nein. Nein, stimmt nicht: Schnee, Hagel, milde Lüfte, eine unerklärliche Ansammlung warm gebutterter Tiefseetaucher auf der Straße vor meinem Haus – nichts und niemand kann etwas daran ändern –: bei Romanen heißt es einfach nur dranbleiben und weitermachen, immer weiter. Sie sind eine Prüfung der Leidensfähigkeit. Um genau zu sein, der Autor muss leiden und still hoffen, dass der Leser dann Gefallen daran hat oder zumindest bis zum Ende durchhält. Die Produktivitätsraten schwanken natürlich, doch meine relativ umfassenden Recherchen haben ergeben, dass jede Seite eines Romans für etwa einen Tag Arbeit steht: kritzeln, herumtrödeln, Ausflüchte machen, sich richtig reinknien, Leute anschreien, die einen stören, sich selbst stören … Sie verstehen schon, was ich meine. Es dauert vielleicht keinen ganzen Tag, um die 300 Wörter zu schreiben, doch für jede fertige und gedruckte Das-wär's-dann-Seite muss man der Arbeitszeit am Buch ungefähr einen Tag zuschlagen. Also bedeuten die meisten Romane ein Jahr oder mehr Schufterei. Man kann sich entscheiden, seine Twitter-Follower damit zu langweilen – »heute Roman« – oder seine Twitter-Follower damit stehenzulassen – »Macht's erst mal gut, ich schreibe einen Roman«. Wie auch immer, das mag zwar zunächst ganz beeindruckend klingen als Nachmittagsbeschäftigung, kommt einem aber bald nur noch traurig, zwanghaft und langweilig vor. Irgendwann antworte ich, sollte mich irgendjemand mal mit der Frage löchern, was ich so treibe, nur noch fiktiv: Ich habe Rentner überfallen oder Kätzchen angezündet oder versucht, Nick Clegg von den Liberaldemokraten zu bewundern (ich finde, das müsste ich schaffen; wer sonst ist schließlich noch übrig?). In dieser Hinsicht ist das Schreiben eines Romans so ähnlich wie eine langwierige Krankheit: In den ersten Monaten erkundigen sich die Menschen noch danach, und nach der eigenen Haltung dazu, doch dann nicht mehr – wirklich nicht – es sei denn, sie sind ziemlich eigenartig und/oder weiden sich gern am Unbehagen anderer. Außerdem ist da noch die weniger sichtbare Schufterei des Planens. Respekt für alle, die verstanden haben, worum es mir im letzten Eintrag ging – den Versuch einer kleinen Demonstration, wie viel Stochern und Probieren nötig ist, um den lieben Lesern die Worte aufgeräumt und informativ vor Augen zu stellen. Sollten Sie allerdings gedacht haben, dass ich einfach irgendwelche Absätze tippe, ohne mir vorher Gedanken darüber zu machen, oder dass ich – *Gütiger Gott im Himmel und all seine himmlischen Heerscharen mit haarigen Zehen, NEIN!* – Ihnen vorab einen Teil des neuen Romans präsentieren wollte, dann muss ich Sie vorsichtig eines Besseren belehren.

Zuerst plane ich. Ich bin eine Planerin. Ich weiß, das habe ich bereits erwähnt, aber es ist tatsächlich sehr wichtig: Planung macht das Leben leichter und etwas so wahnsinnig Umfangreiches wie einen Roman überhaupt möglich. Wir *könnten* uns einfach ohne Planung in einen Roman stürzen, natürlich *könnten* wir das – wir *könnten* auch einfach den Arm in den Häcksler stecken oder uns mit geschmolzenem Blei übergießen – es gibt hirnrissige Selbstverstümmelungen ohne Ende, die wir Menschen uns zufügen *könnten*. Aber mal ehrlich, ganz im Ernst, Romane bieten schon jede Möglichkeit zur Selbstverstümmelung, die man vernünftigerweise brauchen kann (zusätzlich natürlich zu den vielen guten Aspekten). Wenn Sie sich ohne angemessene Planung auf einen Roman einlassen, wette ich beträchtliche Summen, womöglich sogar Geld, dass Sie in einen bodenlosen Abgrund stürzen, auf dessen Grund sämtliche Probleme der *Planlosigkeit* über Sie herfallen werden. Ein Roman ist eine neue Welt, bevölkert und ausgestattet mit nie Dagewesenem und vielleicht gar Unmöglichem. Etwas so herrlich Monumentales und doch auf bloße Magie und Luft Gegründetes braucht Vorbereitung. Dass ich drei Jahre – mit Unterbrechungen – vorgearbeitet habe, war kein Scherz: an Settings herumfummeln, Figuren erforschen, über Handlungsscherben stolpern und *Planen* in jeder möglichen Bedeutung des Wortes. Tut mir leid, wenn ich so darauf herumreite, aber ich habe im Laufe der beiden letzten Jahrzehnte unzählige Menschen kennengelernt, deren Romane es nicht geschafft haben, weil sie nicht geplant haben. Ab einem bestimmten Niveau ist die Logik ganz einfach: Es ist sehr schwer, jemandem eine Geschichte zu erzählen, wenn man nicht weiß, was die Geschichte ist. Darum: *Planung.*

Die Methoden unterscheiden sich natürlich, aber da ich so langsam denke, bastele ich gern schön lange herum – während ich nebenbei andere Sachen schreibe – und finde allmählich eine bequeme Stellung, erfreue mich mindestens zweier Gespräche mit meinem Lektor, der mahnt, ich müsse doch jetzt langsam mal so weit sein, mit dem Schreiben anzufangen … recherchiere dann noch ein bisschen weiter, erleide einige Panikattacken, überprüfe meine Rechercheergebnisse noch einmal und fange *dann* an.

Ob ich Ihnen meine laufende Arbeit zeige? Also bitte …

Natürlich, ich liebe Sie alle, wie jeden Leser und jede Leserin, aber es ist sehr viel wahrscheinlicher, dass ich mich filmen lasse, wie ich mit Michael McIntyre, Jeremy Clarkson und – hey, warum nicht? – Jeremy Kyle nackt durch Las Vegas tanze, als dass ich Ihnen auch nur einen Blick auf einen einzigen Absatz eines Manuskripts gestatte, das ich noch nicht fertig habe (für alle unter Ihnen, die sich leicht verwirren lassen: Ein solcher Film existiert nicht – aber Sie dürfen natürlich gern danach suchen). Mir war noch nie wohl dabei, wenn Menschen Texte von mir lesen, die ich noch nicht so weit wie nur möglich fertiggestellt habe. Das liegt zum einen daran, dass jeder Mensch, sogar mein Lektor – obwohl der so schlau ist wie ein Haufen Füchse –, ein Buch nur einmal zum ersten Mal lesen kann. Was dabei mit ihm passiert, soll so nah an der beabsichtigten ersten Leserreaktion sein wie nur möglich, und dabei muss ich schon mit der Tatsache klarkommen, dass er und ich seit Jahren zusammenarbeiten, dass er meist versteht, was ich meine, und dass er (Gott stehe uns bei) viele meiner Interessen teilt. Er steht mir viel näher als die meisten Leser, was tödlich sein kann, wenn es mein Ziel ist, von völlig Fremden verstanden zu werden – da brauche ich ihm zumindest nicht mehrere Durchgänge und unklare Perspektiven zuzumuten. Und anderen Leuten unfertige Arbeiten zeigen? Nein. Eigentlich nicht. Die Anfangssequenzen neuer Texte lege ich meinem Lektor und meinem Agenten vor, so als Test – »Bin ich diesmal durchgedreht?«. Aber da keiner von beiden mich vollkommen aus der Bahn werfen will, indem er mir im Anfangsstadium eines Textes vorhält: »Ja, du bist komplett daneben, gib's auf, das ist widerwärtig«, weiß ich ihre Begeisterung einzuordnen. Sonst noch jemand? Andere Abschnitte? Nein. Selbst das fertige Manuskript schicke ich erst dann an meinen Lektor, wenn mir vor Angst nicht mehr übel wird, sobald es sich einem Briefkasten nähert. Oder – in diesen fortschrittlichen Zeiten – meinem Postausgangs-Ordner.

Natürlich ist mir nicht entgangen, dass ich einen guten Teil meiner Zeit damit verbringe, Rohmanuskripte angehender Schriftsteller aller Formen und Größen zu lesen – diese Menschen sind einfach mutiger als ich. Als ich zum ersten Mal einen Schreibkurs als Tutor betreute, kam mir meine zweifelhafte Autorität absolut anmaßend vor. Ich saß einem pensionierten Schuldirektor gegenüber – einem riesig freundlichen, reizenden und intelligenten Herrn, doppelt so alt wie ich –, und seine Hände zitterten, weil ich seine Texte gelesen hatte und nun mit ihm darüber reden würde. Das ist ein ungemein intimer Eingriff, in den halbgeformten Träumen anderer Menschen herumzutrampeln. Manchmal sind die Träume töricht oder konfus, manchmal brauchen sie wenig oder gar keine Hilfe – immer ist es ein Privileg, sie sehen zu dürfen, doch immer ist der Tutor derjenige, dem Dank ausgesprochen wird. Und der Schuldirektor? Nach unserer Gesprächsstunde nahm er mich mit nach draußen – da er ein aufmerksamer Beobachter und ein wahrer Pädagoge war – und zeigte mir den prachtvollen Regenbogen, den ich noch gar nicht über uns hatte leuchten sehen. Wir erfreuten uns beide gleichermaßen daran. Wenn man anderen Menschen mit ihrer Arbeit »hilft«, wird einem selbst fast unweigerlich noch mehr geholfen. Vorwärts.

11

Okay, ihr alle da draußen, die ihr nett und freundlich seid – und das sind viele –, hindert mich bitte daran, je wieder Urlaub zu machen, oder hindert mich daran, während einer Parlamentswahl Urlaub zu machen, die zu unvorhergesehenen, endlosen Schreibanforderungen führt, oder hindert mich daran, einen Urlaub zu machen, bei dem ich den ganzen Tag auf den Klippen von Sark herumklettere und dann die ganze Nacht in einer warmen Hobbithöhle tippe und mich dann ganz wacklig und durchscheinend fühle nach den vielen komplizierten Fähr- und Zugetappen, die man als Flugphobiker auf sich nehmen muss, um von irgendwo nach Hause zu kommen. Denn die Sorte Urlaub macht mich so müde, dass ich irgendwann nur noch von Red Bull lebe – weshalb ich nicht schlafe –, um die komplizierten, nervigen Tage durchzustehen, an denen ich irgendwelche vagen Medienpflichten zu absolvieren habe – weshalb ich Schlaf *brauche* – dazu das fortdauernde Romanbasteln – weshalb ich *wirklich* Schlaf brauche … Die Mediensachen erinnern meinen Verlag vielleicht am Ende des Jahres daran, wer ich bin, und er behandelt meinen Roman freundlich, wenn ich ihn dann abgebe. Oder zumindest erinnert es die Marketingleute daran, wer ich bin, obwohl ich nicht Fußball spielen kann, ein ödes, vom Winde verwehtes Liebesleben habe, nicht für Geld unter Wasser tanzen könnte und höchst unfotogen bin (lauter Nachteile für den modernen Romancier – Graham Greene hatte solche Probleme nie, darauf können Sie wetten …).

Heute habe ich mir die Nägel geschnitten – Finger *und* Zehen – und darüber nachgedacht, wann ich diesen Kleinigkeiten zum letzten Mal Zeit und Aufmerksamkeit gewidmet habe, die einen davor bewahren, wie eine verrückte Alte mit Katzen und Einkaufstüten auszusehen. Ich glaube, beim Friseur war ich zuletzt im Februar –

der schneidet mir die Haare immer so brutal, wenn ich mal da bin, dass wir die nächsten vier Monate ohne einander auskommen können. So sieht man natürlich nicht gerade vorteilhaft aus, wenn man ... na ja, im Grunde überhaupt nie.

Doch trotz des Chaos drumherum war es herrlich, bei den Raben und Glockenblumen und den Sarkesern auf Sark zu sitzen und sechs ungestörte Abende mit nichts als dem Roman zu verbringen, mit improvisierten Abendessen aus gebutterten Vollkornkeksen, Ruhe und Frieden und noch mehr Roman. Da kam einem der Termindruck geradezu gemütlich vor. Und die Dame, die mir die Hobbithöhle vermietet hatte, fand schließlich heraus, dass das staubige, blinzelnde und murmelnde Wesen, das gelegentlich an ihrer Tür vorbeitappte, relativ ungefährlich war, wenn auch exzentrisch und keksaffin. Beim Roman bin ich auf der traditionellen Stufe »Ein Drittel geschafft« angelangt, wo ich alles noch mal ausdrucke und mit dem Stock darauf einschlage, ehe ich in die nächste Phase eintauche, die ich gern »Die schreckliche Schufterei« nenne.

Zwischendurch habe ich mir, als ich wieder zu Hause angekommen war – über Weymouth, London, Chichester und London –, Derren Brown angeschaut, wie er auf der Bühne seine hervorragenden Fähigkeiten demonstriert. Das einerseits, weil ich mich für Zauberei interessiere (Großvater hat mir ein Buch über Houdini geschenkt, als ich noch ganz klein war, und von da an ging's bergab), aber vor allem, weil ich mich für eine Geschichte interessiere – für die reine Geschichte und die Kraft, die sie entfalten kann. Warum habe ich eigentlich in meinem Bau auf Sark den *Hobbit* gelesen? Weil die besten Kinderbücher so ganz und gar und vollkommen sie selbst sind – sie wollen einen wegtragen, die Realität aufheben, und das gelingt ihnen. Sie durchdringen und erfreuen und bringen uns zu uns selbst zurück, ein wenig verändert, ein wenig größer, als wir für möglich gehalten hätten. Ich las den *Hobbit* als Kind und glaubte an ihn – er war mir Gesellschaft und Übung und Freude – und ihn wieder zu lesen, ruft meinen unkomplizierten Glauben an Bücher wach, der einem als Autorin nützen kann. Und den puren Genuss der Seiten. Ich hoffe immer (trotz des Schmutzes und Elends, aus dem meine Erzählungen bestehen), im Geiste dieses ersten Enthusiasmus, dieser ersten Sicherheit zu schreiben und etwas von diesem Spaß an die Leser weiterzugeben – auch wenn ich für Erwachsene schreibe, und auch wenn es mir nie so gelingen wird, wie ich hoffe.

Und Mr Brown? Na – im Grunde das Gleiche, nur in Echtzeit aufgeführt, in einem sehr heißen, sehr vollen Theater. Professionell ausgedrückt, ist Mr Brown selbst eine Geschichte – wie jeder gute Zauberkünstler reiht er nicht bloß Tricks aneinander, denn so wundervoll die auch sein können, es wären doch bloß viele Arten Schlaumeierei mit vielschichtigen und betrügerischen Mitteln. Er erzählt uns eine Geschichte von sich selbst, eine Geschichte davon, wo und wer wir sind, und was geschieht, und er erzählt sie so gut, dass wir sie glauben – obwohl wir alle erwachsen sind und wissen, dass wir nie, niemals einem Illusionisten glauben sollten. Und innerhalb der richtigen Geschichte können magische Effekte aufleuchten und emotional aufgeladen und persönlich bedeutsam werden und einen dadurch noch gründlicher und erfreulicher in die Irre führen. Die Hand ist nicht schneller als das Auge – unsere Augen sind tatsächlich sehr schnell –, aber die Geschichte führt dazu, dass wir die Hand falsch interpretieren, die Hand vergessen, der Hand helfen, was eben gerade nötig ist. Die Geschichte ist zugleich eine unerwartete Schönheit und eine reizende Täuschung und lässt uns – zusammen mit anderen raffinierten Heimlichkeiten – eine Weile an Wunder und Unsinn glauben, an Menschen, die es nie gab, und eine Reihe weiterer aufregender, rätselhafter und bewegender Möglichkeiten. Als Zuschauerin lässt mich das immer aufspringen und klatschen wie ein fröhlicher Seelöwe. Als Schriftstellerin ruft es mir ins Gedächtnis, dass die zaubernde Zunft sehr geschickt (und ganz typisch) den Begriff *Thaumaturgie* – Wundertätigkeit – für sich allein eingesackt hat, wo doch eigentlich alle Künste Anspruch darauf haben, auch Schriftsteller, und – meine Güte – sollte ich nicht versuchen, irgendwas von diesen Geschichten zu lernen, wenn ich selbst von ihrer Erfindung lebe? Würde ich doch sagen.

Natürlich ist Mr Brown – schon aus beruflichen Gründen – ein Riesenschwindler und gibt das auch mit Freuden zu. Seine dunklen Künste sind überhaupt nicht dunkel. Aber das Dunkle ist natürlich vorhanden. Und ich beschäftige mich auch gern mit der Arbeit von Menschen, die ich ganz und gar nicht unterhaltsam finde, gewalttätig und moralisch abstoßend – ich erkunde das Dunkel (ich hoffe, Sie wissen inzwischen, dass ich mich keinerlei Illusionen über das hohe moralische Ross hingebe, auf das ich dabei steigen könnte, aber trotzdem ...). Die Welt ist voller Scharlatane, die Ihnen ihre Methode verhökern wollen, wie man hypnotische Prosa verfasst, wie man Kunden überteuerte oder wertlose Ware andrehen oder sie an ganz besondere Selbsthilfeprogramme, Diäten, Philosophien, Auferstehung der Toten, Ablass der Sünden und dergleichen glauben lässt. Sie belügen Sie darüber, wie Sie andere Leute anlügen können, und hoffen, dass Ihre Gier ihre Gier befriedigen kann. Sie versprechen Ihnen den Formbrief, der die sofortige Antwort garantiert, die Selbstpräsentation, die Ihnen den Job sichert oder Sie die Pokerpartie gewinnen lässt, oder Ihnen Macht über Ihre Kollegen verschafft; oder sie verkaufen Ihnen eine Art zu reden, die Ihnen garantieren soll, dass Sie Ihr ausgewähltes Opfer vögeln können, noch bevor es herausfindet, wie widerlich Sie sind ... Geschichten über Geschichten über Geschichten ... und muss ich überhaupt noch von unserer letzten Wahl reden, von all den Worten über Worte über Worte? *Vertrauen Sie mir, trauen Sie ihm nicht, machen Sie die verantwortlich, hüten Sie sich, seien Sie stolz, seien Sie wütend, seien Sie still ...* Die in andere Erzählungen verschlungenen Erzählungen, die wir ihnen entweder abkaufen oder nicht. Es ist schmuddelig und widerlich und empörend, und ich schaue nicht oft herein, aber ab und zu doch, um zu sehen, was sie so verticken, und warum. In einer Zeit, da die Kunst sich rechtfertigen muss und handwerkliches Können in der Literatur übersehen oder für närrisch gehalten wird, starre ich gern die unbestreitbare Macht im Hintergrund an, die riesige amoralische Kraft der Erzählung. Wir selbst sind es, die sich zwischen dunkel und hell entscheiden, wir wählen die Geschichten, die wir uns selbst und anderen erzählen: bei der Arbeit, beim Spiel, in der Liebe ... in unser aller Leben.

Danach kehre ich zurück zu der vorübergehenden Adresse, die ich gerade geborgt habe, beuge den Kopf über die Arbeit und versuche, wieder zum Wunder vorzudringen. Vorwärts.

12

Bin froh, dass ich den Urlaub hatte, denn gleich danach ging es wieder los mit dem ewigen Zugfahren, dem termingehetzten Tippen und dem krampfhaften Nichthusten, während ich im Hörfunk Ihrer Majestät sprach, und es hat seither nicht mehr nachgelassen. Ich konnte das schon existierende Romanfragment in eine weniger erschreckende Form kneten – hauptsächlich auf dem Weg nach Inverness und zurück – doch jetzt nagt mir das Ding hartnäckig im Hinterkopf herum und quengelt nach Aufmerksamkeit, und ich muss es ignorieren und eine Woche kurzfristigerer Schreibaufträge durchstehen und die Studierenden in Warwick betreuen. Mein letzter Besuch an der Universität in diesem Jahr, was immer ein bisschen nervenaufreibend ist, denn ein neuer Jahrgang von Schriftstellern macht sich bereit, von den wüsten Klippen des Optimismus zu springen, wie man es nennen könnte, und im uringefüllten Fingerhut des britischen Verlagswesens zu landen, wie man es nennen könnte. Es sind nette Menschen, sie arbeiten hart – ich kann ihnen nur das Beste wünschen und mir die Tränen verkneifen. Wer weiß, vielleicht schaffen sie es sogar. Irgendwann. Senden Sie ihnen allen einen freundlichen Gedanken, wenn Sie Zeit dafür finden.

Doch danach – mehr Roman. In der Art. Irgendwie. Bei jemand anderem. Aber ganz bestimmt Roman. So wie ich das sehe.

An dieser Stelle vergleiche ich mein Leben gern mit dem so vieler anderer Romanschriftsteller, die (womöglich unzutreffend) mit Sätzen zitiert werden wie »Die letzte Version schreibe ich immer in meiner Suite im Carlyle Hotel«, oder »Mein Schreibzimmer geht auf den kleineren unserer Seen hinaus und bietet einen herrlich inspirierenden Blick über die Chilterns/das Dartmoor/die Schweizer Alpen/Dollis Hill …« oder »Ich stehe immer um vier Uhr früh auf, trinke eine Tasse biologisch angebauten Pfefferminztee – taufeuchte Blätter direkt aus dem Senkgarten –, und dann können schon mal fünf- bis sechstausend Wörter herauspurzeln, bevor Freddie und Timmy und die Hunde aufwachen und ich Marta bei der Zubereitung des Frühstücks beaufsichtigen muss – sie stammt von den Philippinen und versteht einfach nichts von Toast ...« und dergleichen.

Wenn man überhaupt irgendwas schreibt, wird man – natürlich – irgendwann nach seinem üblichen Schreiballtag gefragt und muss dazu *irgendwas* sagen, sonst muss man mit Spott und scheelen Blicken bei schriftstellerischen Veranstaltungen rechnen (womöglich ein Grund, wieso ich schriftstellerischen Veranstaltungen aus dem Weg gehe). Eine faktische oder aufrichtige Aussage zum typischen Schreiballtag wird nie akzeptiert, wenn sie so aussieht: *»Du lieber Gott, wäre ich froh, wenn ich überhaupt an einen typischen Schreiballtag denken könnte, dafür würde ich meine Eckzähne hergeben – und meine Eckzähne sind groß, aus denen könnte man Schnupftabaksdosen schnitzen, wenn nicht beinerne Pantinen für Kinder ... ich würde meinen gesamten Kopi-Luwak-Vorrat für die Chance auf einen typischen Schreiballtag bieten – Hilfe, bitte helfen Sie mir, es fallen ständig Teile ab ...«*

Ich habe allerdings einen idealen Schreibtag, einen erhofften Schreibtag, und manchmal – wenn ich richtig Gas geben muss – verschaffe ich mir einen, vielleicht sogar mehrere. Mehr habe ich nach ungefähr fünfundzwanzig Jahren nicht zu bieten.

Den Morgen vermeide ich. Morgens bin ich nicht zu gebrauchen. Ich kann nicht denken, kaum sprechen und sollte nicht tippen dürfen. Ich will kein Frühstück, ich will schlafen und von meinem Glücksort träumen – und eins kann ich Ihnen sagen, mein Glücksort ist verdammt glücklich. Also machen Sie keine unvernünftig frühen Termine, rufen Sie mich nicht an, klingeln Sie nicht an der Tür, lassen Sie mich hinter meiner Verdunkelung in Ruhe und gehen Sie wieder.

Mittags – Duschen. Sanft aufwachen, aber nicht so langsam, dass ich unter der Dusche noch durcheinander bin und Seifenwasser einatme. Etwas Bequemes anziehen; es sollte meine Körpertemperatur angenehm halten, nicht kratzen, nerven oder deprimieren. Dann die erste Mahlzeit des Tages einnehmen. Idealerweise sollte sie überschaubar und ohne ablenkenden Geschmack sein – Porridge, Haferkekse, Knetmasse, Styropor, vielleicht auch Toast. Dann noch mehr Toast (oder weniger anregenden Ersatz) essen und etwas trinken, was einen feinen Hauch Koffein enthält, dabei die Mails lesen und sehen, dass keine von ihnen beantwortet werden muss und mindestens eine witzig ist.

Nach dem Mittagessen – Schuhe anziehen, nach unten springen, um Gemüse und verschiedene Kleinigkeiten zu besorgen, die nichtelektronische Post bei den netten Menschen abholen, die mein Postfach bewachen, und alle ausgebeulten und/oder tropfenden Umschläge misstrauisch beäugen. Beute nach Hause tragen, Post durchsehen und zu meiner großen Freude erkennen, dass ich alles unmittelbar ins Altpapier werfen kann. Schuhe ausziehen. Danach eine Runde Tai-Chi, weil es mir offenbar bei der Konzentration hilft und mir die nötige Selbstzufriedenheit verschafft (ausgeglichen durch die Erniedrigung des Schwankens und Umfallens), sollte ich mental oder emotional abgelenkt werden. Dann folgen Stimmübungen, weil sie mir guttun, weil die Auftritte ohne sie weniger Wumms haben – ich brauche jeden Wumms, den ich kriegen kann –, und weil es nicht schaden kann, das Hirn mit Sauerstoff zu fluten, während die eigene Stimme den Schädel erzittern lässt, ein kraftvolles, greifbares Ding wird. Und wenn man im Begriff ist, ins Arbeitszimmer zu gehen, um diese eigene Stimme zu Papier zu bringen, kann es erst recht nicht schaden.

Danach – noch ein wenig Koffein, aufmunternde Musik auflegen und ein bisschen Zeit mit einem unfassbar simplen Computerspiel vergeuden; das ist schon fast wie Arbeit, aber nicht ganz. Nachdem ich mir noch ein letztes Spiel versprochen habe, plötzlich die aktuelle Romandatei öffnen (oder Kurzgeschichtendatei, wir wollen die Kurzgeschichte nicht vergessen ...), mein tolles Schreibmöbel in die zum Schreiben geeignete Liegeposition bringen, mit Hilfe dessen, was schon da ist, sanft in den Text hineingleiten, sich zentimeterweise vorarbeiten zu dem, was noch nicht da ist, aber unbedingt da sein sollte, wenn es Zeit wird, Abendessen zu kochen.

Aufhören, kurz bevor ich nichts mehr zu sagen habe. Die Musik ausmachen.

Vor dem Abendessen – etwas kochen, was langwierig und kompliziert ist, wie Schmortopf oder ein Curry, und dabei dem Unterbewusstsein gestatten, an den Dingen herumzutasten, die noch ungesagt geblieben sind, und sie auf diese Weise anzuregen, größer zu werden und ihre Freunde mitzubringen.

Abendessen – dabei einen erhebenden und angenehmen Film auf DVD schauen, mit echten Schauspielern und einem richtigen Drehbuch. Die Mahlzeit mit ein klein wenig Koffein abrunden und vielleicht etwas Obst – was mir guttut – und mich dann aufs Sofa legen, bis der Film zu Ende ist. So glücklich wie möglich sein. Hoffen, dass niemand mich anruft und stört.

Nach dem Abendessen – zurück ins Arbeitszimmer, Musik wieder anschalten und schuften wie ein Schwein, denn jetzt bin ich wach, es wird oder ist schon dunkel, der ganze Kaffee hat mich ein bisschen aufgeputscht, und die Idee, die ich beim Filmschauen angestrengt ignoriert habe, will jetzt so unbedingt Aufmerksamkeit, dass sie sich direkt kooperativ zeigt.

Danach. *Mist!* – sieh mal an, schon 2 Uhr morgens. Wie ist das denn passiert? Ziemlich müde. Nicht vergessen, die Früchte der Arbeit zu sichern, mehrere Sicherungskopien an verschiedenen Orten zu verstauen, die hoffentlich nicht gleichzeitig verschiedenen Datenpannen zum Opfer fallen, Computer ausmachen, Musik ausmachen und dann ein Bad nehmen – total untertauchen, wenn möglich.

Danach – auf dem Sofa sitzen, sanft abtropfen und noch eine nette DVD einlegen, um ein wenig runterzukommen, sonst kann ich nicht schlafen. Dann auf Zehenspitzen ins Bett schleichen. Auf Träume hoffen, die sich a) um den Glücksort oder b) wichtige Aspekte des Romans und seiner Figuren drehen.

Sooft wie nötig wiederholen.

So läuft es nur selten, aber wenn, dann hilft es ungeheuer.

Ich hoffe, Ihre Tage nähern sich zumindest Ihrer Idealvorstellung. Vorwärts.

13

Ach, es gibt Tage, da machen Sie mir vor Freude feuchte Augen, wirklich (es gibt auch andere Tage, an denen Sie – nur ganz wenige von Ihnen – mich dazu bringen, dass ich am liebsten die Adresse ändern und einen knielangen Hut tragen möchte, aber das lassen wir mal beiseite). Diesmal haben Sie mich stolz gemacht mit Ihren kreativen Einsendungen auf meine Frage nach kreativen Schimpfwörtern. Sie haben nicht nur mich, sondern auch meine Mutter zum Lachen gebracht, und das sollte Belohnung genug sein, denn es gelingt nur den wenigsten. Für echte Preise fehlen mir leider die finanziellen Mittel, da ist gar keine Trophäe vielleicht weniger enttäuschend als ein Recyclingumschlag voller handsignierter Ulmenblätter – für mehr wäre in diesem Monat wirklich kein Spielraum.

Inzwischen habe ich (hoffentlich) letzte Hand an einen Essay über Schreibwerkstätten gelegt und damit das letzte größere Hindernis zwischen mir und dem Roman und unserer innigen Vereinigung beseitigt, denn ich will unbedingt alles bis Dezember fertigkriegen, wie beabsichtigt. Tatsächlich ertappe ich mich dabei, wie ich den immer noch freundlich Nachfragenden antworte: »Weihnachten ist alles vorbei«, und dann angemessen erschaudere. Nun ist Tippen, selbst wenn man wie ich mehr tippt als ein gesunder Mensch tun sollte, kaum zu vergleichen mit dem Dauerfeuer an der Somme – ich leide bloß unter etwas größerem Termindruck als sonst.

Da ich jetzt davon spreche: Eigentlich hatte ich noch nie einen festen Abgabetermin für einen Roman. Aber diesmal hat der Irrsinn der britischen Buchbranche dazu geführt, dass ich bereits über Titelgestaltung und Klappentexte eines Buches diskutiere, das erst ungefähr halb fertig ist und für das ich gerade erst einen Vertrag unterzeichnet habe. Eben schlendere ich noch entspannt mit den

Händen in den Hosentaschen herum, flirte feurig, aber behutsam, ohne irgendwelche rechtlichen Bindungen, und im nächsten Augenblick werde ich rüde mit Handschellen an etwas gefesselt, was sich – zugegeben – als attraktiver, warmherziger und feingliedriger Partner erweisen könnte, aber auch, wie ich typischerweise befürchte, im besten Fall als Leichnam und im schlimmsten als hirnschlürfender Untoter, der mir auf Partys peinliche Momente bescheren wird. Wenn ich die Frist nicht einhalten kann, verpasse ich den auf geheimnisvolle Weise berechneten idealen Erscheinungstermin im nächsten Jahr, und mein Lektor muss eine ganze Herde Ziegen ausweiden und die Innereien befragen, um einen neuen im Jahr darauf festzulegen (die Ziegen sind streng genommen nicht wesentlich für den Prozess – er wird einfach reizbar, wenn Veröffentlichungen nicht nach Plan laufen …).

Ich versuche dabei, nicht zickig (entschuldigen Sie den Kalauer) zu reagieren und ruhig zu bleiben und mir einzureden: *Na gut, wenn es einen Titel hat und einen Umschlagtext, dann muss es wohl existieren … Dann muss mit dem Roman alles in Ordnung sein.* Auf ähnliche Weise habe ich mich jahrelang mit meinen Notizbüchern selbst beschwindelt – zu jedem Buch, das ich schreibe, gehört ein Notizbuch, das … na ja, Notizen enthält – aber nichts besonders Fertiges oder im Verlauf der Arbeit sonderlich Hilfreiches. Das Notizbuch ist eher so ein Hilfsmittel auf dem Weg zum Startpunkt – ich weiß, auf diesem Gebiet hat jeder eine andere Methode, ich sage nur, wie es bei mir ist. Obwohl also nichts als ängstlicher Quatsch, unleserliche Grundideen und groteske Vorschläge drinstehen, starre ich das (zugeklappte) Notizbuch gern an und tue so, als stünde in Wirklichkeit der Roman darin, ordentlich von Hand geschrieben, und ich müsste ihn nur noch abtippen und vielleicht einer Rechtschreibprüfung unterziehen. An manchen Vormittagen überzeugt mich das. Nicht an vielen, klar, aber ich klammere mich an diese blauäugigen Hoffnungszuckungen.

Aber noch mal zurück zum Essay: Ich bin froh, dass ich meiner größten Ablenkung ein Ende bereitet und etwas über Workshops geschrieben habe. Das weniger, weil ich sie so mag – tatsächlich ging es in weiten Teilen des Textes darum, was bei solchen Schreibwerkstätten alles schiefgehen kann und wie (wenig) sinnvoll die Standardversion ist, so nach dem Motto *Wir setzen uns jetzt alle in einen Kreis und lesen mit unzureichender Aufmerksamkeit und in verkrampfter Atmosphäre unsere Werke und die der anderen, ehe sich dann die Tauben von den Blinden führen lassen.* Aber ich konnte mich auch erinnern, was für ein reines Wunder ein erfolgreicher Workshop ist. Neben allen anderen Pluspunkten erlaubt uns ein guter Workshop, Schriftstellern beim Schreiben, ja dem Schreiben selbst zuzusehen – aus größtmöglicher Nähe. Es gibt kaum etwas Besseres, als in einem Raum zu sitzen, in dem plötzlich alle gemeinsam anfangen zu arbeiten, in dem plötzlich eine kribbelnde, elektrisch geladene Atmosphäre etwas Entstehendes ankündigt – Inspiration, die Gestalt annimmt, Worte, die ums Erscheinen ringen oder herausstürzen oder an die Oberfläche blubbern. Wenn wir selbst arbeiten, stecken wir zu tief drin, um den Prozess tatsächlich wahrnehmen zu können – um ehrlich zu sein, sobald wir ihn bemerken, löst er sich meistens in Luft auf. Doch wenn man ihn bei anderen beobachtet – vielleicht als Teil einer Autorengruppe oder bei einer Reihe von Einzelbeiträgen –, dann gibt es Momente, wo man das Ungreifbare greifen, wo man eine ganz bestimmte Art der Freude sehen kann: Wie ein Gesicht sich in absoluter Konzentration aufhellt und schön wird; wie es ganz zu sich kommt und dennoch für anderes offen, ergriffen ist.

An den Terminen und Verträgen und dergleichen beim Büchermachen nervt mich, dass sie mit dem Schreiben, mit dieser Schönheit, so überhaupt nichts zu tun haben – mit der gleichen Schönheit, die man auch an einem lesenden Menschen sehen kann, der völlig versunken ist. Ich sage immer, dass Schreibende und Lesende missverstanden werden, denn wenn man nur einen flüchtigen Blick auf sie wirft, sieht man womöglich nur ernste und erstarrte Menschen. Doch wenn man zufällig und flüchtig zwei Menschen erblickt, die gerade im Begriff sind sich zu küssen (und das, ohne aufdringlich oder eklig zu erscheinen, will ich hoffen), dann ist ihr Gesichtsausdruck ganz ähnlich – eigenartig feierlich und konzentriert. Und doch ist noch niemand auf die Idee gekommen, Küssen als langweilig oder sinnlos oder Zeitverschwendung zu bezeichnen.

Zufällig glaube ich, einen Kuss zu geben und zu empfangen funktioniert ganz ähnlich wie ein Wort zu geben und zu empfangen – nur geschieht das Geben und Empfangen an verschiedenen Orten und zu verschiedenen Zeiten; dennoch sind beides Versuche, zu berühren, berührt und erkannt zu werden, leidenschaftlich zu leben, menschlich zu sein.

Daran musste ich denken, als ich *Last Words of the Executed* las, ein sehr gutes, von Robert K. Elder herausgegebenes Buch, das die letzten Aussagen zum Tode Verurteilter versammelt. Eine Passage beschreibt die Massenhinrichtung von achtunddreißig Männern der Dakota Sioux. Im *St Paul Pionier* wurde berichtet: »Man hat uns gesagt ... dass ihr Singen und Tanzen nur dazu diente, einander Kraft zu geben – dass ihre letzten Augenblicke kein trotziges Aufbegehren waren ... Jeder rief seinen eigenen Namen und dann den Namen seines Freundes und sagte damit im Grunde: ›Ich bin hier! Ich bin hier!‹« Dabei fiel mir auf: Wenn wir ganz ehrlich und hingebungsvoll schreiben, wenn wir aus uns selbst heraus sprechen, von Sterblichem zu Sterblichem, dann läuft es genau darauf hinaus – dass wir einander Kraft geben, mit Musik und Träumen von Bewegung, dass wir einander sagen, wer wir sind, dass wir die Hand nach dem Freund ausstrecken, der fern von uns ist, außer Sicht – und das ist vielleicht Aufbegehren im tiefsten Wortsinn, und vielleicht auch eine Art von Liebe, und ganz bestimmt sehr lebendig, und – ich glaube, das darf ich wiederholen – wunderschön.

Vorwärts.

14

Der nachfolgende Eintrag wurde verfasst, als ich gerade das Erreichen des mittleren Alters mit der Erkenntnis gefeiert hatte, dass ich eine Brille brauche. Der erwähnte Stress rührte in erster Linie vom anderswo bereits erwähnten Magengeschwür und den zugehörigen Problemen.

Liebe Leser, ich sitze hinter einer Hütte im Bundesstaat New York, und auf der rechten oberen Ecke meines aufgeklappten Laptops – das ist kein Witz – sitzt eine blutrote Libelle mit reizvoll ausgebreiteten Flügeln. Ich habe meine Brille auf, weshalb ich die umstehenden Bäume so scharf sehe, dass es schon ein bisschen psychedelisch wirkt (die Libelle ist inzwischen mit einer anderen Libelle zugange … aah, die Natur …), und in meiner Welt ist vieles in Ordnung. Im Lauf der letzten Monate ist mir bewusst geworden – vor allem, wenn ich mein Spiegelbild in Schaufenstern und anderen grausam spiegelnden Oberflächen sah –, dass ich leicht gestresst war. Leicht verschwommen und leicht gestresst. Jetzt bin ich nicht mehr verschwommen und nicht mehr gestresst und kann sogar erkennen, dass meine Wirbelsäule tatsächlich schon Vorkehrungen getroffen hatte, mich bei Nacht und Nebel heimlich zu verlassen, wenn ich sie bei jeder neuen Unannehmlichkeit weiter in Richtung hohes C gespannt hätte. Offensichtlich ist es nicht möglich (und wer sollte auch darauf kommen), kreuz und quer durch Großbritannien und Europa zu hasten, dabei journalistische Texte und Essays zu verfassen, hier und dort zu unterrichten oder auf der Bühne zu stehen und eine Solo-Show zu präsentieren, ein bisschen Radio und ein paar Schnipsel Fernsehen zu machen, einen großen und komplizierten Roman zu schreiben und sich ständig *Sorgen* zu machen, ohne damit letztendlich seine Gesundheit zu beeinträchtigen. Ich muss mich bei meiner Belegschaft entschuldigen – als Freiberufler bin ich eine ganz schlechte Arbeitgeberin.

Aber ich versuche mich an Wiedergutmachung: Die Überfahrt nach Amerika auf dem Schiff hat den Zustand meines Allgemeinzustandes schon entspannt. Mir ist klar, dass einige Menschen ungläubig auf meine Transportmittelwahl reagiert haben, und dass wieder andere glaubten, ich hätte mich einfach clever für eine exklusivere Lifestyle-Variante entschieden. Am ehesten aber basiert meine Entscheidung auf Angst – nicht auf dem Wunsch, mich an Deck mit massigen Deutschen und orangerot verbrannten Touristen aus Birmingham beim zollfreien Parfümverkauf zu drängen. Ich habe Angst vorm Fliegen und muss doch reisen … Ich habe mein Problem gelöst, so gut ich konnte, und will gar nicht so tun, als hätte ich Klasse. Dazu kommt: Aus irgendeinem Grund tut es mir ungeheuer gut, von einem potentiell tödlichen Meer in den Schlaf gewiegt zu werden, während fremde Menschen um mich herum Kurse in Serviettenfalten belegen, und es gibt kaum etwas Besseres als im Liegestuhl an Deck zu sitzen und an einem Roman herumzuschnitzen, während einem livrierte Burschen Bouillon bringen. Ich wusste gar nicht, dass ich Bouillon wollte, ich schlürfe eigentlich nicht gewohnheitsmäßig Bouillon, dennoch: »Ja, vielen Dank – ach, und Cracker dazu. Warum nicht? Noch mal danke. Könnten Sie wohl dafür sorgen, dass der Rest meines Lebens so läuft, aber mich nicht den Preis einer gesunden Niere pro Woche kostet? Oder werfen Sie mich einfach über Bord. Meine Wirbelsäule wird es Ihnen danken.« Der Roman und ich haben also sechs herrliche Nächte lang den Atlantik überquert, Seite auf Seite in Form geknetet und nach Tümmlern Ausschau gehalten.

Ich werde hier – im schönsten Wortsinn – ausgehalten. Ein sehr angenehmer Mensch hat mir (nicht zum ersten Mal) Kost und Logis in einem Holzhaus mit Holzmöblierung in einem Wald angeboten. Ziemlich holzlastig, das Ganze. Schriftsteller kriegen vielleicht nicht so viele Gratisofferten und eindeutige sexuelle Angebote wie Sportler, Schauspieler, Musiker oder Politiker, aber immerhin bekommen wir Unterkunft. Aus irgendeinem Grund überbieten sich Stiftungen, Bekannte, Institutionen und Kuriositätensammler geradezu bei dem Versuch, uns andere Räume als unsere eigenen zum Schreiben zur Verfügung zu stellen. Darum sitze ich hier. Ich sitze und schreibe ungestört unter der Woche, und an den Wochenenden erscheine ich im Herrenhaus, bekomme anständige Abendessen, sage hallo und lerne Menschen kennen, die gern Schriftsteller treffen wollen.

Vieles an meiner derzeitigen Lage ist gut: A) Ich befinde mich weit weg von und in einer völlig anderen Zeitzone als die vielen Menschen, die von mir Sachen geschrieben oder aufgeführt haben möchten, welche meinen Roman unterbrechen würden. B) Wenn man nicht kochen, putzen, einkaufen oder sich um sein Alltagsleben kümmern muss, entdeckt man plötzlich ungeheure Zeitmengen, in denen man herumbasteln und tippen kann. (Plötzlich werden die dicken Bücher, das komplizierte Liebesleben und die verschnörkelten Hobbys der von Dienern umringten Schriftsteller vergangener Zeiten erklärlicher, wenn nicht gar viel weniger beeindruckend.) C) Ich bin von herumspringenden Tieren, fremdartigen Vögeln, raschelndem Laubwerk, angenehmen Spaziergängen und vielen anderen Dingen umgeben, die mein vernarbtes, müdes Herz erfreuen.

Aber weil ich eben ich bin, gibt es auch ein paar Nachteile: A) Meine extrem genießbare Umgebung, die flexiblen Arbeitszeiten und das Fehlen jeglicher Hemmnisse führt dazu, dass ich bereits etwa drei Stunden nach meiner Ankunft hier meinen Exzentrik-Ereignishorizont überschreite. Und dann verbringe ich Stunde um Stunde mit Menschen, die nicht existieren, und versuche, um sie herum zu schreiben ... Mein Kleidungsgeschmack (wenn ich überhaupt einen habe) löst sich in Luft auf, Schlafen, Essen, Spazierengehen, Baden und Tippen wechseln sich in immer willkürlicheren Folgen ab (was für die Menschen, die wir als »die Angestellten« bezeichnen müssen – auch wenn sie natürlich nicht meine Angestellten sind – ziemlich erschreckend sein kann, wenn sie mal nach mir sehen). Ich rede mit Tieren. Ich rede mit Menschen, die es nicht gibt. Ich rede mit den Angestellten. »Hallo. Ha. Funktioniert das, ich kriege es anscheinend nicht ... Oh. Und wenn ich das hier mache ... Aha, das soll ich also nicht machen. Und welchen Tag haben wir heute? Oh, Frikadellen. *Toll.* Entschuldigen Sie, dass ich mit den Händen esse, aber ich habe, glaube ich, meine Gabel wieder verloren. Warum weinen Sie? Na ja, ich hätte ja mehr an, wenn ich nicht gerade in der Badewanne gelegen hätte. Tutmirleidtutmirleidtutmirleid …« Als ich Seite 250 erreicht hatte, habe ich das mit einer kleinen nudistischen Tanzeinlage unter Mitwirkung von Mr Hendrix und einer sehr leistungsstarken Stereoanlage gefeiert. Ich bin im Grunde völlig verwildert. B) Selbst im weniger animalischen Zustand komme ich nicht allzu gut damit klar, Menschen kennenzulernen, und wenn ich dann noch in völlig unbekannter Gesellschaft ausgerechnet als Romanautorin vorgestellt werde, dann löse ich mich auf wie eine Hängematte aus Schokolade. Bei vorherigen Aufenthalten habe ich durch mein nervöses Gefuchtel schon einen Haufen Essgeschirr und Gläser zerdeppert und – so mein Gefühl – niemandem einen auch nur passablen Eindruck der Gattung Schriftsteller vermittelt. C) Dies ist eine Holzhütte im Wald. Sie ist allseitig von Natur umgeben. Und sobald die Sonne untergeht, erfüllt die Natur jede Minute Dunkelheit mit Rascheln, Klopfen, Stampfen, Atmen und Knarren und imitiert überhaupt jeden nur vorstellbaren Meuchelmörder. Ich habe weder ein dünnes Negligé noch hochhackige Schuhe und eine kaputte Taschenlampe eingepackt, darum konnte ich bisher noch nicht »nur mal kurz rausgehen und schauen, was da so komische Geräusche macht«, und mich daher auch noch kein bisschen umbringen lassen. Ich habe eine funktionierende Taschenlampe, ich habe ein paar feste Wanderstiefel, ich habe die patentierten Selbstverteidigungstechniken meines Großvaters, ich bin (wie passend) von einem hohen Zaun umgeben. Dennoch hat es ein paar Aufenthalte hier gedauert, bis ich mich an den verdammten Lärm gewöhnt hatte, den die friedliche Natur veranstaltet.

Aber hauptsächlich schreibe ich. Ich schlafe tief, weil ich taub vor Erschöpfung bin, dann stehe ich auf und schreibe wieder und schreibe noch mehr, und das ist herrlich. Das ist es, was ich tue, was ich schon immer tun wollte. Ich habe Glück, dass ich hier sein darf. Patronage ist in keiner Weise Ersatz für anständige Kulturförderung – ich bin eine britische Bürgerin, nur sehr vorübergehend in den USA: einem Land der privaten Förderung, der brutalen Armut und des brutalen Reichtums – und ich genieße die Wirkung der großzügigen Laune eines wohlhabenden Individuums auf mein Berufsleben. In Großbritannien will die Regierung, die wir bezahlen, uns nicht vorm Sterben bewahren oder uns auch nur ein erträgliches Leben ermöglichen, man kann sich also denken, dass die Förderung von Kunst und Kultur gestrichen ist. Ich wiederhole: Ich habe Glück. Im Augenblick und im Allgemeinen. Ich bin in der Lage, etwas zu tun, was ich liebe, und gelegentlich kann ich es sogar unter sehr angenehmen Umständen tun. Ich würde es auch unter anderen Umständen lieben und sollte nie vergessen, dass ich es liebe, und im Augenblick habe ich die Energie dazu. Ich wünsche Ihnen allen eigene Versionen solcher Gelegenheiten – den Raum, das zum Ausdruck zu bringen, was Sie zum Ausdruck bringen müssen. Vorwärts.

15

Irgendwann musste es ja passieren – ich bin umgeben von gewaschener und gebügelter Wäsche und den zugehörigen Dämpfen. Ich lausche den silbrigen Banjoklängen von Mr Steve Martin, der mir von meinem (basslastigen) CD-Player präsentiert wird, liege auf meinem Sofa (das ich mit der Wohnung erworben habe, weil es so riesig ist, dass man es nicht bewegen kann) unter meiner (wie ich aus zuverlässiger Quelle weiß) immer noch ganz eigenen Adresse, und keines meiner Möbelstücke wurde auf amtliche Anordnung zwangsversteigert, um mal wieder Banken zu retten oder das Parteibüro der Konservativen zu renovieren. Kurz gesagt, ich bin zu Hause.

Mein Roman und ich sind tatsächlich von Zimmer zu Zimmer gelaufen und haben »Ich bin wieder da, Schatz!« gerufen, bis wir gemerkt haben, dass zumindest einer von uns ein unbelebter – und noch gar nicht endgültig blank geschliffener – Gegenstand ist, und dann wurden wir ganz verlegen und mussten eine Tasse Tee trinken.

Wieder zu Hause zu sein ist natürlich schön. Ich hatte mir brandneue Socken herausgelegt, die auf mich warteten, und ich kann ewig ausschlafen, ohne dass jemand »Zimmerservice!« ruft und mich zwingt, in gehässigem Tempo ich selbst zu werden. Natürlich ist es auch ebenso deprimierend: Wenn ich mehr als vier Tage am Stück hier festsitze, werde ich mich langweilen oder muss etwas umgestalten, und wieso trampelt niemand durch meinen Morgen und schreit »Zimmerservice!« und räumt hinter mir her? Obwohl die Wohnung erstaunlich staubfrei ist, wenn man bedenkt, dass ich drei Monate nicht hier war. Aus unerfindlichen Gründen haben sich nur in meinem Kühlschrank erhebliche Staubmengen angesammelt. Dieses Geheimnis könnten wahrscheinlich höchstens Mulder und Scully lüften.

Seit wir uns zum letzten Mal unterhalten haben, bin ich über einen seltsam friedlichen Atlantik zurückgeschaukelt, habe an Backbord gestanden und Tölpeln zugeschaut, wie sie sich zum Fischfangen in die Wellen stürzten.

Inzwischen kommen von verschiedenen Zeitungen die ersten Anfragen, mein persönliches Buch des Jahres zu benennen, ich trage auch drinnen einen Mantel, daher muss bald Weihnachten sein. Ich bin kein großer Freund der Feiertage – ich kann die Farbkombination nicht ausstehen, ich kann die Verschwendung nicht ausstehen, ich hasse die Unterstellung der Massenmedien, dass jeder Mensch, der sich nicht mit seinen siebzig engsten Freunden und Familienmitgliedern im Geist des Festes um eine glänzende Genießertafel versammelt, ein irgendwie unrettbarer Versager ist, ich will keine Karten an Menschen versenden, mit denen ich sonst überhaupt nicht kommunizieren würde, ich finde auch nicht, dass es besser wird, wenn die Karten hinterher recycelt werden – wieso kann man nicht einfach *aufs Kartenschicken verzichten?* –, ich hasse die Promi-Weihnachtssonderausgabe irgendwelcher Quizsendungen nach dem Motto »Wer weiß mehr als ein Ziegelstein?«, und selbst wenn ich eine superfromme Christin wäre (oder vielleicht gerade dann), wäre mir doch bewusst, dass der 25. Dezember ein ziemlich willkürliches Datum ist, das aus verschiedenen religionspolitischen Gründen gewählt wurde, und dass wir also in Wirklichkeit etwas zutiefst Heidnisches feiern, und außerdem vielleicht noch unsere Fähigkeit, bei jeder Mahlzeit die einem Rhinozeros entsprechende Menge an Kalorien in uns hineinzustopfen. Ein Teller Weihnachtsgebäck und ein Liederabend sind für mich mehr als ausreichend.

Ich habe natürlich überhaupt nichts gegen Ausbrüche von Frieden auf Erden und den Menschen ein Wohlgefallen. Ich bin ganz im Gegenteil sehr dafür, dass beide sich zur Weihnachtszeit zusammentun, damit wir alle wie vor knapp hundert Jahren im Niemandsland Fußball spielen können (im übertragenen Sinne) und uns nicht ständig vor den möglichen Kriegsgerichtsfolgen fürchten müssten.

Weihnachten allerdings ist der große Abgabetermin für meinen Roman. Wenn wir unbedingt müssten, könnten wir uns noch bis zur ersten Januarwoche aneinanderklammern. (Die Frage ist, ob ich mir selbst die Feiertage durch eine letzte Überarbeitung ruiniere, oder meinem Lektor, weil er mich lesen muss …) Aber eigentlich soll, sobald die Mistelzweige drohend über uns hängen, mit meinem *opus magnum* alles in bester Ordnung sein. Ich habe die zweite Fassung in meiner Kabine auf der Überfahrt nach Southampton zu Ende geschrieben und werde dieses Buch womöglich immer mit verpassten Gelegenheiten in Verbindung bringen – nicht am Workshop »Schalbinden« teilgenommen (bitte eigenen Schal mitbringen)oder im Abendkleid am Esstisch gesessen und sich am liebsten mit der Serviette aufgehängt zu haben. (Womöglich gehörte zum Workshop »Servietten falten« auch der Spezialteil *Wie man aus der Serviette einen echten Galgenstrick knüpft*. Keine Ahnung. Habe ich ja auch verpasst. Zu viel mit Tippen beschäftigt.)

Stellen Sie sich vor, liebe Leser, wie ich, eingeschlossen in meiner kleinen Kabine, mit dem Rotstift im Ausdruck der ersten Fassung herumkritzele. Sie wissen alle, dass Seiten, die auf dem Bildschirm passabel, womöglich gar bezaubernd aussehen, sich in widerwärtige, ekelhafte, Übelkeit erregende Jauchegruben voll stinkender Exkremente verwandeln, sobald der Autor sie ausgedruckt hat und richtig sehen kann. (Was mich grübeln lässt, mit welchem Quatsch wir Schreiber durchkämen, wenn alle Bücher direkt vom Bildschirm des Autors auf den der Leser wandern würde, ohne zwischendurch durch die Papiermühle laufen zu müssen.) Wie viele Stunden habe ich schon tränenblind versucht, Fades in Knackiges zu verwandeln, Gefasel in Geistvolles, vollkommen Unverständliches in gewandt Kommunikatives oder zumindest nicht strafbar Schlechtes. Und dann natürlich die unanständigen Stellen – die müssen sexy sein und nicht albern oder plump oder unmöglich oder unfreiwillig komisch oder unfreiwillig verstörend – oder, Gott helfe uns … Noch ist nichts entschieden, aber nächste Woche schreite ich zur dritten Fassung. Noch einmal werden die Seiten ausgedruckt und wenn Sie – da wir uns jetzt so viel näherstehen – nach draußen gehen und bei Sonnenuntergang gemeinsam mit Ihren Kindern (oder geborgten Kindern, wenn Sie keine eigenen haben) aufmerksam lauschen, dann können Sie sich ihnen vielleicht zuwenden und mit angemessenem Ernst sagen: »Da habt ihr es, meine Kleinen, solch ein Stöhnen und Jammern wäre auch von euch zu hören, wenn ihr euch entschließen würdet, Autoren zu werden.« Vorwärts.

16

Nur eins macht noch weniger Spaß, als einen Stoß Seiten rot zu bekritzeln und neu zu ordnen: es zu tun, während die Fenster von innen zufrieren und die unbeweglichen Gliedmaßen allmählich erst brennen, dann pochen, dann taub und schließlich womöglich unrettbar blau und brüchig werden. Schreiben ist kein Bewegungssport, und historisch betrachtet, verbringt man dabei – mal ganz abgesehen von zügelloser Hypochondrie und echter Krankheit – viel mehr Zeit im Bett, als vernünftig sein kann. Der Wintereinbruch erinnert mich immer an meine frühen Schreibtage, als ich die gebührend dekadenten und gequälten Romane, Kurzgeschichten und Memoiren all dieser russischen oder irischen Schriftsteller in Paris las. Etwas war ihnen allen gemein – neben dem Narzissmus, dem Absinthmissbrauch und geradezu sportlichen sexuellen Beklemmungen: ein oder mehrere Schriftsteller im Bett, die gelegentlich den Stift zu Papier brachten.

Diese Woche darf ich wählen: Entweder ich schreibe im Bett eines Holiday Inn oder neben einem winzigen tragbaren Heizlüfter in einem so kalten Universitätsbüro, dass niemand sonst es jemals besetzen will. Der Büroteil dieser Alternative sagt uns, dass es wieder Zeit ist, die Studierenden des Kreativen Schreibens an der Warwick University zu treffen und daran erinnert zu werden, wie schrecklich es ist, ernsthaft den Beruf der Schriftstellerin ins Auge zu fassen. Jahrelang wurde ich entweder von meinem nagenden Verlangen gequält, etwas ... na ja, *irgendwas* zu schreiben. Oder ich hatte Ideen, die verdammt erschreckend waren, oder unhandlich, oder schlicht über meine technischen Fähigkeiten hinausgingen. Die Panik war nie fern. Ich fing an zu schreiben, bevor ich recht wusste, worüber ich eigentlich schrieb, und stürzte in eine tiefe Grube zielloser und verwirrter Prosa – oder erschrak mich zu Tode, weil es unvermeidlich schien, dass mein Protagonist ein Mann war, oder eine ältere Frau, oder ein Kind, oder einfach irgendjemand anders als ich selbst, obwohl mir an dem Vormittag gar nicht danach war, jemand anderen als mich selbst zu erschaffen – oder ich musste in der ersten Person schreiben oder mit einem riesenhaften Zeitrahmen umgehen oder in ein Experiment mit Magischem Realismus hineinstolpern.

Herrgott, war das entsetzlich. Natürlich verschwinden gewisse psychologische Blockaden und nervöse Ängste nie ganz, aber als ich so unerfahren war, wie man nur sein kann, tat ich mir die schlimmsten und unsinnigsten und unangenehmsten Dinge an, die man sich als Schriftstellerin antun kann. Ich machte mir Sorgen, dass meine potentiellen Leser mich aufspüren und mir wehtun würden. Ich wollte nicht in Frage stellen, was ausdruckswillig zu mir kam, und sah mich daher – wenig überraschend – außerstande, dem tatsächlich Ausdruck zu verleihen. Ich zweifelte an jedem Wort, noch ehe es auftauchte. Ich dachte weder an die übergreifende Struktur und die Bedeutung der Bestandteile, noch konzentrierte ich mich wirklich auf die praktischen Einzelheiten und versuchte sie so zu gestalten, dass sie etwas mitteilten, damit sie nicht unter näherer Betrachtung einfach dahinschmolzen. Kurz und gut: Ich hatte Angst.

Wenn man zu schreiben anfängt, ist es ganz normal, Angst zu haben – es wäre dumm, keine Bedenken und Hemmungen zu haben, wenn man in den Kopf anderer Menschen eindringen will und womöglich nicht so glänzend, bewegend und beredt ist, wie man angesichts einer so großartigen, großzügigen und intimen Gelegenheit sein sollte. Jemand anderem im Grunde einen Traum zu übergeben – das ist anstrengend. *Hier ist ein Teil von mir und aus mir, ich habe alles hineingelegt, und jetzt liegt es nackt in Ihrem Besitz, und wenn es Ihnen nicht gefällt, dann habe ich in sehr vieler Hinsicht versagt.* Es fällt schon schwer, nur darüber nachzudenken, ganz zu schweigen von der Umsetzung. Doch wenn wir unsere Ideen nicht auffordern, uns mehr zu erzählen – und dabei riskieren, dass sie sich weigern –, wenn wir uns nicht voll und ganz auf die Sache einlassen – und dabei riskieren, dass unser Bestes nicht gut genug ist –, dann werden wir nie wirklich erfahren, was wir und wie wir es am besten sagen können. Wir werden nie herausfinden, wie gut wir sein können und wie wir noch darüber hinauswachsen können. Wir werden uns selbst, unserer Arbeit und unseren Lesern nicht gerecht. Und – so sehr der Gedanke auch erschrecken mag, leidenschaftlich für abwesende Fremde zu arbeiten – es ist keine Grubenarbeit, es ist keine Krankenpflege, es ist kein Protestmarsch nach London, um die Chance aufs Studium zu verteidigen, auch wenn dort womöglich Ärger wartet, Schlagstöcke, berittene Polizei.

Das ist die andere Erinnerung, die der Campus von Warwick immer wieder wachruft – eine größtenteils erbärmliche, aber gelegentlich aktive Studentin zu sein. Hier habe ich an meiner ersten Demonstration teilgenommen, hier habe ich entdeckt, wie groß und unangenehm Polizeipferde sein können, hier habe ich begriffen, dass ein Polizist dich immer wieder in den Rücken stoßen kann, bloß weil er es kann, weil es dich nervt, weil er Streit anfangen will, weil er jede Auseinandersetzung gewinnen würde, weil er Polizist ist und du nicht … das war lehrreich. Ich habe in Warwick nicht Kreatives Schreiben studiert – solche Studiengänge gab es damals noch kaum, und wenn, hätte ich mich nicht in ihre Nähe getraut –, aber studiert habe ich. Das konnte ich, weil ich Förderung bekam. Keine Förderung, kein Studium: So einfach wäre das gewesen. Keine drei Jahre, in denen ich anfangen konnte zu verstehen, wie mein Geist eigentlich funktionierte, mich an meine Art des Denkens gewöhnen, meine Fähigkeiten zur Analyse und Kritik und Phantasie schärfen konnte, meine Gedanken mit einigem Selbstvertrauen zu präsentieren lernte. Wer weiß, wie lange ich ohne die akademische Erfahrung gebraucht hätte, mit dem Schreiben anzufangen, oder ob ich mich hätte über Wasser halten können, bis ich mit dem Schreiben genug Geld zum Leben verdienen konnte, ohne einen wenn auch eher unbedeutenden Universitätsabschluss? Ich bin ja ansonsten vollkommen unvermittelbar. Doch ich liebe das Schreiben mehr als fast alles andere. Und ich bin kein bisschen häuslich und stehe auch nicht dauerhaft auf Kinder. Womöglich wäre es also ein verschwendetes, ein unerfülltes Leben geworden.

Und natürlich, mein Leben ist – in gewisser Hinsicht – ein großer künstlerischer Unfug, über den man sich aus allen möglichen

Blickwinkeln lustig machen kann. Zum Studieren gehören immer auch Maßlosigkeit und Albernheit und Schummelei, und es gibt sicher auch andere Wege zu Erleuchtung und Selbstbewusstsein, doch eine Universitätsausbildung würde ich einem Mitbürger nicht leichtfertig vorenthalten. Und der Mangel an anständiger Primär- und Sekundärschulbildung erstickt, lähmt und – das meine ich gar nicht metaphorisch – tötet eine Generation, der ich eigentlich nichts Böses will.

Ohne Analyse und Kritik können wir nicht begreifen, was um uns herum richtig oder falsch läuft – ohne eine kraftvolle Phantasie können wir keine besseren Alternativen ersinnen – ohne Unterstützung fällt es uns schwer zu glauben, dass man überhaupt hören sollte, was wir zu sagen haben, dass wir mitteilen sollten, wer wir sind: Ob das nun ein Sonett ist, das uns als menschlich und daher des Nachdenkens wert ausweist, oder ein Liebesbrief oder eine Bewerbung, die Ihr Leben verändert, oder ein Roman, der Menschen aufrichtet, die gerade einen Verlust erlitten haben, oder der Witz und das Lied, die jemanden nach einem beschissenen Tag zum Lächeln bringen, oder das Transparent, das einem Polizisten in der Nähe mitteilt: *Eure Jobs werden als nächste gestrichen.*

Mir geht es gut. Ich habe meine Ausbildung erhalten, meine Bibliotheksbücher, Zugang zu meiner eigenen Stimme und zu den Stimmen anderer – so viele herrliche Stimmen. Auch aus diesem Grund bin ich der Meinung, andere sollten ebenso in diesen Genuss kommen. Um den nationalen Glücksindex zu steigern, sind nur minimale Investitionen nötig. Vorwärts.

17

Und nun: Signierstunden ... Ich habe einen beträchtlichen Teil des gestrigen Nachmittags in meinem Arbeitszimmer damit verbracht, Exlibris zu signieren, die später in (so muss ich annehmen) von mir geschriebene Bücher eingeklebt werden. Einerseits erspart das den betreffenden Lesern, sich im selben Raum mit mir aufzuhalten – was viele als Gnade bezeichnen würden –, andererseits wirft es ein Schlaglicht auf die Absurdität des Buchsignierens, wie ich sie immer empfunden habe. Da sitze ich in meinem eigenen Heim und produziere gute Wünsche, Gratulationen und Kommentare für Menschen, von denen ich absolut nichts weiß, und versuche, so zu tun, als würde mein Buch durch die Zugabe meines gequetschten und kindlichen Gekritzels schöner. Wenn man mir beispielsweise sagt, ich solle mich Maureen wärmstens mit den Worten empfehlen: »Ich weiß, das hier wird Ihnen gefallen«, dann ist mir bewusst, dass ich hier anstelle des netten (wenn auch fehlgeleiteten) Freundes spreche, der glaubt, Maureens Leben würde durch ein paar Seiten Getipptes von ALK besser. Wenn ich schreiben muss: »Mit Liebe und Küssen für Sydney«, dann werden die Liebe und die Küsse zwar aufgeschrieben und Sydney wohl auch erreichen, doch bei der ganzen Prozedur bekomme ich irgendwie das Gefühl, dass ich mehr an mich selbst denke, als klug oder angemessen ist, und dass ich intimere Gefälligkeiten verteile, als man bei einem geschäftlichen Vorgang erwarten würde.

Es gibt natürlich noch schlimmere Signierszenarien. Viel schlimmere. Ich schreibe keine Genreromane oder Bestseller, man hat mich also nur selten hinter einem Tisch im Buchladen sitzen lassen, in der stillen Hoffnung, dass ich von potentiellen Lesern entdeckt werde – wie eine unerwartete Vogelart oder Vorratsdosen im Sonderangebot –, die sich sofort zu einem Spontankauf hinreißen lassen, den die Autorin dann umgehend vollschmieren darf. Das heißt allerdings nicht, dass ich diesem erniedrigenden, stundenlangen Warten ganz aus dem Weg gehen konnte, bei dem ich angestrengt versuche, den Blicken der suchenden Kunden auszuweichen, die eindeutig keinen Schimmer haben, wer ich bin, und ein oder vielleicht zwei meiner Werke vorgelegt bekomme, entweder von Menschen, die Mitleid mit mir haben, oder von Stalkern mit irrem Blick, die versuchen, mich ungebührlich anzufassen, bevor sie mir den Becher kalten Tee klauen, an dem ich die ganze Zeit nippe, damit ich überhaupt etwas, irgendwas, *irgendwas* zu tun habe, weil ich nämlich sonst nichts tun *kann* (Notizen machen? Wofür? Für ein neues Buch, das niemand kaufen wird? Das Buch von jemand anderem lesen? Das sich eindeutig besser verkauft als deins ... Dein eigenes Buch lesen? Macht ja sonst keiner. Dich hinter einer Zeitung verstecken? Können dich trotzdem alle sehen. Weinen? Solltest du, verdammt noch mal, solltest du ...). Überhaupt nichts, was meine Lage schlicht nicht noch quälender machen würde.

Mehr Hoffnung macht das Signieren nach Lesungen – es sei denn, man liest mit lachhaft erfolgreichen Leuten, so als eine Art Vorgruppe ... ich erinnere mich sehr deutlich an einen Abend, als ich in einem Programm mit Martin Amis und Richard Ford war. Du lieber Gott ... Typischer Schlangesteher bei Amis und Ford: »Wir haben drei Monate vor dem Gebäude campiert – wir sind so froh, reingekommen zu sein. Das hier ist die kleine Martina – sie wurde in der Schlange gezeugt. Und Richard – er ist jetzt zwei ... Wir lieben Sie. Dürfen wir Ihr Haar anfassen? Entschuldigen Sie, dass wir so lange geredet haben – ich weiß, Sie müssen noch für dreitausend weitere Menschen signieren ...« Erster Mensch in der ALK-Schlange: »Hi. Wir haben uns kennengelernt, als wir beide Urlaub in Jordanien gemacht haben. Dachte, ich schau mal rein ... Sie schreiben also Bücher, ja?« Zweiter Mensch in ALK-Schlange: »Ich arbeite hier. Eigentlich können Sie das auch mal signieren ... da haben Sie wenigstens was zu tun.« Das war meine Schlange. Und Mr Ford hat sich ein Buch von mir signieren lassen, was sehr freundlich war, denn er ist ein freundlicher

Mensch. Mr Amis sicherlich auch – er wurde nur gerade von seinen Bewunderern auf den Schultern durchs Foyer getragen und hatte keine Hand frei.

Es kommt eben doch auf die Größe an. Und man kann auch nicht einfach abhauen, wenn man selbst fertig ist. Niemand geht, ehe das letzte Buch bekritzelt ist … und wenn das heißt, dass Sie Ihr kleines Grüppchen damit unterhalten müssen, dass Sie tiefgründige Gespräche führen oder Lieder aus Musicals vortragen oder sich die Pulsadern aufschlitzen, dann sei es so. Das hier ist Literatur, Baby – niemand hat gesagt, dass es leicht werden würde …

Wenn man nach Veranstaltungen signiert, die man allein bestreitet, nimmt die Seele womöglich weniger Schaden. Könnte ja sein, dass die Buchkäufer oder -besitzer zur Lesung gekommen sind, um bestimmte Erfahrungen zu vertiefen … man möchte nicht so genau wissen, welche, aber vielleicht heißt das auch, dass sie ein Buch signiert haben wollen. Auf langen Lesereisen – aus irgendeinem Grund vor allem in Deutschland – führt das zu einer Kombination aus Müdigkeit und endloser Wiederholung, bei der ich tatsächlich vergesse, wie meine Unterschrift aussieht, und in totales existentielles Chaos stürze, während ich pflichtbewusst »Viel Glück, Heinrich« und dann einen Schnörkel kritzele, der jeden Scheck sofort ungültig machen würde, wenn es noch Schecks gäbe.

Und dann sind da noch die phantasievollen Leser und Gastgeber mit aufwendig in Leder gebundenen Gästebüchern, die so lange warten, bis man am Tiefpunkt angelangt ist, um dann ein beiläufiges »Ach, zeichnen Sie einfach, was Sie wollen« fallenzulassen. Und dann soll man sich auf riesengroßen, edlen Seiten verewigen, zwischen Václav Havel und Maya Angelou oder ähnlichen Monumenten, und beweist dabei vor allem, dass man keinerlei künstlerisches Talent besitzt, gar nicht hier sein sollte, ein literarischer Emporkömmling ist, eine Hochstaplerin, deren Bücher bei jedweder Gelegenheit verbrannt werden sollten.

Wenn dazu noch meine lang andauernde Unfähigkeit kommt, irgendwas Sinnvolles zu den Leuten zu sagen, die Schlange gestanden haben, um mit mir zu sprechen, und deren Namen ich unweigerlich falsch schreiben werde (ach, wie viele Bücher ich schon falsch gewidmet habe und verstecken musste, nachdem ich Ersatz beschafft hatte …), dann haben wir ein ganzes Bündel von Möglichkeiten für albtraumhaftes Versagen und Erregung ungewollten Ärgernisses.

Aber eine Chance auf öffentliche Beschämung und Fehltritte ist immer noch besser als gar keine. Natürlich. Besser, veröffentlicht zu werden als nicht veröffentlicht zu werden. Natürlich. Und noch natürlicher: die gedruckte Widmung, die ich ganz ordentlich in jedes Exemplar hineindrucken lassen kann, gibt mir die Gelegenheit, im Buch etwas Sinnvolles und Nützliches zu tun, worüber ich glücklich sein darf. Im Laufe der Jahre und Bücher konnte ich so meiner Mutter dafür danken, dass sie meine Mutter ist, konnte meinen Großvater mit einer kleinen Denkschrift für seine Frau erfreuen, konnte seiner gedenken, als auch er von uns gegangen war – konnte die Zuneigung ausdrücken, die ich im persönlichen Umgang nie angemessen formulieren kann. Das ist das Beste, was ich tun kann. Vorwärts.

18

Ich liege. Das kann man inzwischen schon fast als Hobby bezeichnen, in Ermangelung eines anderen. Am Wochenende habe ich versucht, Schlafen als weitere Freizeitbeschäftigung zu etablieren, doch leider macht mir die ellenlange Liste von Dingen, die ich erledigen muss, bevor der Tag anbricht – oder mir das Rückgrat bricht –, einen Strich durch die Rechnung. Also liegen und arbeiten: Das ist fast so gut wie arbeiten.

Ich will mich nicht darüber beschweren, dass ich Arbeit habe. Arbeit zu haben ist eine gute Sache. Weniger gut ist es, wenn man selbständig und so jemand wie ich ist – was bedeutet, dass mein Arbeitgeber psychisch so stabil ist wie Charlie Sheen. Dabei bin ich noch nicht mal irgendwie chemisch verstärkt oder verstört. Gelegentlich vergesse ich, wieso ich in der Küche stehe, einen einzelnen Schuh in der Hand, und das ganz ohne Mitwirkung rezeptpflichtiger oder heimlich importierter Substanzen. Wenn ich den Kopf schüttele, knallt mein Gehirn gegen die Schädelinnenseiten wie ein ordentlich verpackter Leichnam im Kofferraum eines schlingernden Autos.

Man hat mich gebeten, ein bisschen über den Werdegang des Wortdrechslers zu schreiben, von »Ich hoffe, ich werde überhaupt irgendwo mal veröffentlicht« bis hin zu »Lieber Gott, kann mir irgendwer ins Schienbein schießen, damit ich mal einen Tag frei kriege«. Das ist natürlich sowohl ein erfreulicher Fortschritt als auch (in meinem Fall) etwas, was viel besser organisiert werden sollte. Also, ich versuche mal, einen Blick auf die ganz frühen Jahre zu werfen, wie man sie nennen könnte. Die schönen und schrecklichen frühen Jahre.

Fangen wir am Anfang an. Ich selbst habe diesen Beginn als zufällig und so gut wie sicher zum Scheitern verurteilt erlebt. Ich hatte eigentlich nicht vor zu schreiben, ich wohnte bloß in einer winzigen, kalten Einzimmerwohnung und hatte sonst keine Möglichkeit, etwas Konstruktives anzustellen (und wenn der einzige gesellschaftliche Beitrag ein stetes Rinnsal verstümmelter und unansehnlicher Kurzgeschichten ist, sollte man mal gründlich in den Spiegel gucken). Ich schloss mich einer Autorengruppe an, und dann fiel mir ein, dass ich Gruppen nicht leiden kann. Ich schickte Geschichten an Zeitschriften, ohne mich vorher über diese kundig zu machen, woraufhin meine Manuskripte natürlich zurückkamen, oft nur von einem bekritzelten Papierfetzen begleitet, kaum größer als eine Gedenkbriefmarke. Gelegentlich hatte ich mehr Erfolg, und ein aufmunternder Ablehnungsbrief oder – meine Güte – die Annahme eines Textes oder – Herr im Himmel! – nicht bloß eine Gratisausgabe von *Quentins Vierteljährliches Sammelsurium*, sondern auch ein echter Scheck über 20 Pfund konnten mich einen ganzen Monat lang glücklich machen. Die Enttäuschungen waren häufiger, doch ich stellte fest, dass mir etwas an der Sache lag. Und zwar so viel, dass ich nach jedem traurigen Umschlag, der hereinschneite, wieder neu anfing, etwas Neues schrieb, und vergaß, wie weh es tat, abgelehnt zu werden.

Ich schrieb von Hand, später mit vielfarbigen Korrekturen, wenn die Nervosität und das unsichere Herumbasteln zahllose Versionen anhäuften. Korrigieren und Umschreiben war in den Zeiten vor dem PC eine ziemliche Plackerei … Ein bisschen Vorausplanung und dann einen Schritt zurücktreten und einen Überblick gewinnen, das hätte mehr geholfen als blindes Herumstreichen mit mehr Gefühl als kritischem Verstand. So hatte ich am Ende eine Seite nach der anderen voller Quatsch, bunt gesprenkelt wie ein Jackson Pollock. Ich wusste es nicht besser. Ich wollte Ratschläge, aber ich hatte Angst, dass jemand, der etwas davon verstand, mir einfach sagen würde, ich solle es lassen, weil ich so furchtbar schlecht sei. Ich war einsam, ziellos und hungrig.

Wenn Sie in dieser Phase stecken, haben Sie mein Mitgefühl – das ist schrecklich. Und heutzutage ist es noch schlimmer – die Möglichkeiten, an Mentorenprogramme oder Besprechungen oder Workshops zu kommen, werden immer dünner, die Verlagslandschaft schrumpft, die Vorschüsse ebenfalls, es gibt immer weniger literarische Zeitschriften, immer weniger Anthologien, immer weniger Platz für neue Bücher in Buchhandelsketten, und ja, es kann sein, dass Sie nie veröffentlicht werden und nie auf irgendwelchen Regalen landen. Vielleicht sind Sie ein Risiko, das jemand vor zehn Jahren noch eingegangen wäre, sich heute aber nicht mehr leisten kann. Vielleicht sind Sie ein guter Schriftsteller, haben aber Pech. Es könnte der Tag kommen, an dem Sie ihre Ziele einpacken und ihren Ehrgeiz auf anderes richten. Das müssen wir in Betracht ziehen.

Aber wenn Sie noch nicht aufgegeben haben, dann kann ich Ihnen sagen – und ich glaube, da bin ich ganz ehrlich – dass selbst diese anfänglichen Widerstände nicht zu hundert Prozent schrecklich sein müssen. Wirklich nicht. Müssen sie nicht. Wenn alles am Schreiben zäh und schwierig ist und Sie anscheinend keinen Schritt weiterkommen, dann bedeutet das Fehlen drängender Forderungen von zahlreichen Bewunderer eben auch, dass Sie genug Zeit haben, sich noch einmal zurückzulehnen und darüber nachzudenken, warum Sie so viel Mühe auf eine anscheinend undankbare Beziehung verwenden. Sie feuern die tollsten Liebesbriefe ab, die Sie hinbekommen, Ihnen bricht das Herz, und niemand antwortet, aber Sie machen dennoch weiter … wieso? Wenn Ihre Antwort lautet, dass Sie lieben, was Sie tun, und es nicht lassen könnten, ohne jemand anderes zu werden, dann müssen Sie wahrscheinlich weitermachen. Sie wären nicht mehr Sie selbst, wenn Sie aufgeben. Ihre sichere Überzeugung, schreiben zu müssen, kann ziemlich nerven, doch sie ist auch eine große und stabile Wahrheit, auf der Sie aufbauen können – wenn Sie daran festhalten, können die Gauner und Manipulatoren und Kompromissverkäufer später nicht mehr an Ihnen rütteln.

Und wenn Sie dann irgendwann Erfolg haben und Ihre Arbeit als Schriftsteller in die eine oder andere Richtung Fahrt aufnimmt, ist es durchaus wahrscheinlich, dass es wiederum Zeiten geben wird, in denen Sie aus anderen Gründen daran zweifeln, dass es den Aufwand wert ist, oder ob Sie dafür geeignet sind. Dann werden Sie auf Ihre Erfahrungen aus den harten frühen Jahren zurückgreifen können. Wenn Sie nicht genug Geld und nicht genug Unterstützung – oder überhaupt Unterstützung – hatten, wenn die

Leute Sie für verrückt gehalten und Sie dennoch weitergemacht und Ihr Handwerk zu lernen versucht haben, dann könnte es sein, dass Sie eben einfach ein Schriftsteller sind. Wenn Sie Notizen gemacht und Ihre Beobachtung geschult und schreckliche Fehler begangen und ans Aufhören gedacht und gelauscht und gerätselt und sich gegrämt und Zeit vergeudet haben, wenn Sie um drei Uhr morgens von der besten Idee aller Zeiten aufgeweckt wurden und tagelang mit Sätzen rangen, bis die endlich aufgegeben und Ihnen den Sieg gegönnt haben, dann wissen Sie tief im Inneren vielleicht schon, dass Sie Schriftsteller sind. Auf jeden Fall wissen Sie, dass Sie weitergeschrieben haben, auch als Sie gar keinen Grund mehr dafür hatten. Sie wissen, das Schreiben ruft in Ihnen, und das ist etwas Gutes, etwas Lebensveränderndes, und es wäre unklug, es zu ignorieren.

Vor langer Zeit, als ich am Anfang stand, nahm ich meinen Mut zusammen und suchte unseren Stadtschreiber auf – wir hatten einen, finanziert vom Scottish Arts Council. Er las meine Texte, und mir wurde übel dabei. Dann zeigte er mir, wie man Kakao zubereitet. Wenn ich daran zurückdenke, ist ihm wahrscheinlich einfach nichts Besseres eingefallen als für jemanden Kakao zuzubereiten, der eindeutig aus purer Anspannung bestand und jeden Moment in Tränen ausbrechen, wenn nicht gar in Ohnmacht fallen konnte. Seither bin ich schon öfter in seiner Lage gewesen, und es ist nicht leicht, auf die richtige Art zugleich sanft und streng mit jemandem zu sein, der einem gerade einen Armvoll seiner Träume übergeben hat – da ist Kakao keine schlechte Ablenkung. Wer sich ganz seinem Werk hingibt, wer alles, was er hat, in Wort um Wort hineinpresst – weil halbe Sachen nicht genügen –, der hat mehr als nur ein beiläufiges Interesse daran, was man vom Ergebnis hält.

Da saß ich also und betrachtete meinen langsam abkühlenden Becher, während er mit mir zwei oder drei Geschichten durchsprach, die ich ihm gegeben hatte, ganz sachlich über ihre Schwächen sprach, an einem Ende kaum ein gutes Haar ließ – das weiß ich noch genau – und mich ziemlich zur Schnecke machte. Am Ende tat mir alles weh, aber ich fühlte mich auch wunderbar. Da war ein Schriftsteller, der mit mir sprach, als sei ich eine Schriftstellerin. Ich war keine gute Schriftstellerin – meine Texte waren voller Fehler und Löcher und Albernheiten –, doch ein qualifizierter Mensch hatte meine Arbeit gelesen und so viel Wert darin gesehen, dass sich genaues Hinschauen lohnte.

Als ich ging, wusste ich, wie man Kakao macht (ich verwende immer noch seine Methode) und fühlte mich ziemlich zerschlagen. Aber ich wusste auch, dass es gut war. Irgendwie würde alles gut werden. Ich würde wieder anfangen, und wieder und wieder. Ich würde neu schreiben.

Und darum wünsche ich Ihnen die ungeteilte Aufmerksamkeit eines Lesers, dem Sie vertrauen können. Das werden sehr wahrscheinlich weder alle achtunddreißig unterschiedlich gestörten Teilnehmer Ihres Workshops sein, noch Ihr Partner, noch eine heimlich hasserfüllte Verwandte, noch ein Fremder im Bus, noch irgendjemand, den Sie dafür bezahlen müssen. Sie brauchen jemanden, dem Schreiben wichtig ist, der Ihnen helfen will, der wahrscheinlich nur die Hilfe weitergeben will, die er oder sie zu Beginn der Laufbahn empfangen hat. Ich wünsche Ihnen einen *Guten Leser*. Vorwärts.

19

*Der folgende Eintrag wurde während meiner ersten Innenohrentzün-
dung geschrieben, als mein Immunsystem langsam abbaute, ohne dass
ich ihm besondere Aufmerksamkeit schenkte.* Wer sowohl Twitter als auch dieses Blog verfolgt, wird bemerkt
haben, dass ich die Zeit seit dem letzten Eintrag vor allem im Bett
verbracht habe, im Gefühl, dass ich alles mal langsamer angehen
muss. Tatsächlich haben mich mehrere Menschen angebrüllt, ich
solle mich gefälligst schonen, und ich nehme ihren Rat ernst. April
ist vielleicht der grausamste Monat, doch ich habe vor, ihn zu zähmen und regelmäßig meine Antibiotika zu nehmen.

Doch schreiten wir nun fort – wenn dieser Ausdruck passt – von
der Skizze der ganz frühen Tage eines Autors hin zu den nicht ganz
so frühen Tagen. Man könnte erwarten, dass damit größere profes-
sionelle Sicherheit einhergeht, öffentlicher Zuspruch und Bargeld.
Ehrlich gesagt: nein. Nur wenn ihr erstes Buch nicht bloß veröffentlicht, sondern auch umgehend als erschütternd geniales Werk
allen geistig gesunden Bürgern zum Kauf anempfohlen wird. Und
das ist unwahrscheinlich.

Ihre nicht ganz so frühen Tage werden Ihnen – wenn alles gut-
geht – Kontakt mit Ihrem ersten Agenten bescheren, mit Ihrem
ersten Lektor und mit Ihrem ersten Vorschuss. Das sind alles schöne Dinge, die Sie brauchen werden, aber sie werden auch zumindest ein wenig erschreckend sein. Damals im Präkambrium, als ich
eine Anfängerin war, stellten Verlage sich noch nicht als die un-
einnehmbaren Festungen dar, die sie heute sind, und man kam fast
noch ohne Agenten klar oder vielmehr hinein (und die Lektoren,
die Geld sparen wollten, konnten einen auch fast überzeugen, darauf zu verzichten). Dennoch hatte sogar ich begriffen, dass man
einen Vertrag niemals ohne Beratung unterschreiben sollte. Meine

erste »Agentin« hatte sich selbst dazu ernannt und neigte dazu, sich Verletzungen zuzuziehen, wenn sie »nicht betrunken« war, oder bei gesellschaftlichen und literarischen Ereignissen unfreiwillig zur Unterhaltung beizutragen, indem sie beispielsweise beim Versuch, sich eine Zigarette anzustecken, eine ganze Streichholzschachtel entzündete. Da ich auch ohne zusätzliches Chaos von gesellschaftlichen und literarischen Ereignissen überfordert bin, versuchte ich, ihre Bemühungen so schnell wie möglich wieder loszuwerden – zumal ich sie nicht verlangt hatte. Glauben Sie mir, kaum etwas ist peinlicher als dem Lektor, der gerade Ihren ersten Versuch eines ersten Romans abgelehnt hat, einen erklärenden Brief zu schreiben, dass er das Manuskript an eine Frau zurückgesandt hat, die nur behauptet, meine Agentin zu sein … Meine zweite Agentin war in gewisser Hinsicht erfolgreicher, doch sie schaffte es, meine Auslandsrechte dem Verlag zu überlassen. Bitte gestatten Sie mir, zu diesem wichtigen Thema einen neuen Absatz anzufangen.

Geben Sie niemals, nie, unter keinen Umständen Ihre Auslandsrechte aus der Hand. Auslandsrechte ermöglichen Ihnen, im Ausland und in Übersetzung veröffentlicht zu werden. Diese Rechte schenken Ihnen die Welt und umgekehrt. Und sie lassen Sie mehr Geld verdienen, ohne mehr dafür arbeiten zu müssen. Wenn Sie nicht gerade der Erzengel Gabriel sind, der neue Anweisungen für das Menschengeschlecht zu verkünden hat, wird Ihr Verlag, wenn er Ihre Auslandsrechte hat, nicht besonders viel Zeit oder Engagement oder Konzentration darauf verwenden, Ihre Werke anderswo zu promoten. Das muss Ihr Agent für Sie tun. Ehrlich.

Natürlich ist es nicht leicht, einen Agenten zu wählen – und furchtbar wichtig, da er oder sie so ziemlich Ihren einzigen Zugang zu Lektoren und Veröffentlichung darstellt. Einerseits müssen Sie jemanden aussuchen, der zu Ihnen passt, der ungefähr in Ihrem Alter ist (dies wird eine langfristige Geschäftsbeziehung) und der Sie so unterstützt, wie Sie es brauchen. Doch zu Beginn Ihrer Schreiblaufbahn haben Sie wahrscheinlich gar keine Ahnung, wie Sie am besten unterstützt werden sollten, mit welcher Art von Mensch Sie in dieser Funktion am besten zurechtkämen, und vor allem: Sie werden bedauernswert dankbar sein, wenn überhaupt jemand auf

Ihren Bettelbrief mit beiliegendem Anfangskapitel und Romanexposé antwortet. Zum Glück passt jemand, dem Ihr Werk gefällt, wahrscheinlich ganz gut zu Ihnen, da Sie dieses Werk ja geschaffen haben. Auch die Lektorin, die von Ihrem Schreiben begeistert ist, wird vermutlich viele Ihrer Interessen teilen. Dennoch bin ich der Überzeugung, dass man nicht zu schnell zu weitgehende Kompromisse eingehen sollte. Wenn Ihr Agent Ihren Namen nicht behält und Ihnen nicht zuhört, oder wenn er Sie unbedingt zu jemand anderem umformen will, dann sollten Sie sich vielleicht anderswo umsehen. Beim Lektor haben Sie im Grunde keine Wahl – es sei denn, er flirtet mit Ihnen, ohne Ihnen einen Vertrag anzubieten –, und darum müssen Sie womöglich lächeln und dulden.

Durch eine Kombination aus Zufall und Planung bin ich letztlich bei einem männlichen Agenten und einem männlichen Lektor gelandet – ich arbeite besser mit Männern. Sie sind beide ungefähr in meinem Alter – wie es momentan aussieht, werden sie mich beide überleben, was mir unangenehme Veränderungen ersparen sollte. Mein Agent ist gewillt, meine enorme Bandbreite von Ängsten zu ertragen und zu mildern, fängt einiges an Ärger und Irrsinn ab, die sich aus der Zusammenarbeit mit anderen Menschen ergeben können, und kann mit dem gesamten Portfolio meines Schreibens umgehen. Dem Urteil meines Lektors vertraue ich vollkommen, und ich arbeite gemeinsam mit ihm an Texten. Das passt mir. Doch es hat etwa fünfzehn Jahre gebraucht, bis ich mich in der Zusammenarbeit mit beiden wohl fühlte, bis ich sie als Mitarbeiter betrachtete, und nicht mehr als Menschen, die sich aus Mildtätigkeit mit mir abgeben. Darum ist es auch so wichtig, dass mein Agent meine Honorare aushandelt.

Wo wir von Honoraren reden – zurück zum erwähnten ersten Vorschuss. Lassen wir Wunder mal außen vor: In den späten 1980er und frühen 1990er Jahren konnte man gemeinhin nur mit einem erschreckend winzigen Vorschuss rechnen, es sei denn, man war unbekannt und sehr sexy. Versuchen Sie sich darüber zu freuen, dass Sie überhaupt veröffentlicht werden, dass Sie Belegexemplare bekommen, mit denen Sie Ihre Verwandtschaft beeindrucken und Ihre Freunde bewerfen können. Stehen Sie nicht mit dem Scheck in der Hand herum und denken: »So werde ich nie meinen Lebensunterhalt verdienen können, oder? Das ist doch ein Witz. Niemals werde ich meine Festanstellung aufgeben und nur noch schreiben, schreiben, schreiben.«

Genauso wird es Ihnen gehen: Sie arbeiten noch, um das zu subventionieren, was Sie wirklich tun wollen, und womöglich sind Sie müde und fühlen sich nicht genug wertgeschätzt. Andererseits hält Ihr Arbeitsplatz Sie in Verbindung mit der richtigen Welt, und niemand – nicht mal ich – kann die ganze Zeit schreiben, schreiben, schreiben. Das würde einen umbringen – glauben Sie mir, würde es wirklich. Und vielleicht wollen Sie auch rezensiert werden, was nötig ist. Allerdings sind schlechte oder seltsame oder sogar gute Rezensionen gelegentlich ziemlich verstörend und eigenartig irrelevant – sie beziehen sich immer auf Dinge, die Sie vor so langer Zeit geschrieben haben ... Sie werden bald merken, dass Veröffentlichung eben tatsächlich ein Öffentlichmachen seiner selbst ist. Wenn alles nach Plan läuft, werden Sie sich eine Weile vom Ruhm genervt und zugleich völlig unsichtbar fühlen. Sie werden sich verzweifelt fragen, ob Ihr Werk jemals eine Nische finden wird, in der es wachsen und gedeihen kann. Womöglich werden Sie sich auch fragen, ob Sie überhaupt etwas können, ob es den Ärger wert ist, ob Sie das alles fürs nächste Buch noch einmal hinkriegen werden. Natürlich.

Und doch – Sie sind Schriftsteller, Sie haben geschrieben. Ein Buch ist herausgekommen, auf dem Ihr Name steht. Stellen Sie sich vor: Das haben *Sie* sich vorgestellt. Ausgedacht. Jedes Wort davon. Und wenn Sie gerade mal nicht abgelenkt sind, können Sie spüren, dass die anderen Bücher warten, die Ideen und Gedanken, die zu Ihnen kommen werden, um sich ausdrücken zu lassen. Dies ist eine Berufung – Sie wurden gerufen, und Sie haben geantwortet, und jetzt ruft es in Ihnen. Wenn Sie leise genug sind, es hören zu können, wird es immer rufen. Wenn Sie das haben, dann haben Sie Glück, mehr als Glück. Und das – daran muss ich mich oft selbst erinnern – ist kein Grund sich zu beschweren. Vorwärts.

20

Tja, die Antibiotika waren doch nicht ganz das, was ich brauchte, falls Sie sich vom letzten Blogeintrag noch daran erinnern. Ich hatte/habe eine Virusinfektion des Innenohrs, medizinischer Fachbegriff *Labyrinthitis*, und das Einzige, was man tun kann, ist viel liegen und Tabletten schlucken, die gegen die schlimmsten Symptome helfen. Diese sind: Panikattacken, Übelkeit und das Gefühl, bei Windstärke 9 an den Bugspriet eines Schiffes gefesselt zu sein, wenn man so leichtsinnige Dinge versucht wie aufzustehen oder den Kopf zu drehen. Und dazu noch die Muskelkrämpfe und die ungeheure Müdigkeit … dieser medizinische Bericht passt hervorragend zur letzten Skizze des Schriftstellerlebens, die man so überschreiben könnte: *Wenn Sie es schon ewig machen und völlig kaputt sind.*

Ich hoffe doch sehr, dass Sie alle, meine schreibenden Leser und Leserinnen, meinen Schritten zur Selbstzerstörung nicht folgen werden. Das ist es nicht wert, in keinerlei Hinsicht, und es widerspricht allen guten und gesunden Ratschlägen, die ich anderen Menschen zu geben pflege. Natürlich. Führen Sie sich bitte vor Augen: Ich werde in Warwickshire von meiner Mutter gepflegt (man weiß, dass man richtig krank ist, wenn man erwachsen ist und sich die eigene Mutter um einen kümmert). Ich schlurfe herum, rufe gelegentlich meine Mails ab und mache kurze Spaziergänge. Ich fühle mich alt (ehrlich gesagt: Ich *bin* alt). Ich habe viele meiner Hobbys vergessen, und ich sorge mich, dass mir die mögliche Anstrengung, sie mir wieder in Erinnerung zu rufen, noch größere Sorgen bereiten könnte, worauf es mir wieder schlechter ginge (Labyrinthitis erzeugt Stress, kann aber auch durch Stress hervorgerufen oder verschlimmert werden. Das wird witzig. Irgendwann mal). Ich bin selbständig, habe aber seit meinem letzten Blogeintrag vor zwei Wochen nicht mehr gearbeitet. Das bedeutet nicht direkt, dass ich vierzehn Tage lang nichts verdient habe, aber dass ich noch weiter hinter meinen Terminplan zurückfalle als schon in den Wochen, die auf die schwere Erkrankung hinführten, als ich mich im Tempo gekühlten Klebstoffs bewegte. Ich hatte angenommen, ich sei bloß ein bisschen angeschlagen und angespannt – also eigentlich so wie immer.

Ich vergaß eine meiner Grundregeln, liebe Leser, nämlich, dass ich auf mich selbst achtgeben muss, wenn ich irgendetwas bewerkstelligen will. Und sei es nur Tippen. Ich vergaß, dass ich so ein schrecklicher Arbeitgeber meiner selbst bin, und dass ich mich eigentlich scharfen Schiedsgerichtsverfahren unterwerfen sollte, wie wir sie in diesem Land zuletzt in den 1970ern erlebt haben. Ganze Gewerkschaftsbezirke sollten mich beim Tippen mit Streikposten umstellen. Außerdem habe ich vergessen, dass ich nette kleine Ausflüge und Reisen und Inspirationen einplanen muss, oder wenigstens ein paar Stunden Erholung nur für mich allein, um meine maximale Leistungsfähigkeit zu erhalten. Solche Inspirationsübungen habe ich bereits erwähnt, als ich mich noch geistiger und körperlicher Gesundheit erfreute. Ich kann sie ignorieren – ich habe sie ignoriert –, aber das tue ich auf eigene Gefahr.

Und das passiert nicht zum ersten Mal. Eins der Probleme, denen man sich beim Schreiben stellen muss, ist der ständige Konflikt zwischen dem eigenen Zeitplan und denen anderer Menschen. Der Drang weiterzuarbeiten, solange es Arbeit gibt, kann einem das ganze Leben klauen; doch es ist so schwer, ihm zu widerstehen. Da will ich zum Beispiel einfach nur die ganze DVD-Box der Science-Fiction-Serie *Babylon 5* anschauen, aber dann bietet mir vielleicht jemand anderes an, mich in einem neuen Medium zu versuchen, und jetzt ist zwar nicht der ideale Zeitpunkt, aber die kreativen Möglichkeiten erscheinen interessant … Vielleicht habe ich an diesem und jenem fürs Radio gearbeitet, und mehr als die zu erwartende Zahl meiner Vorschläge wurden angenommen, und jetzt möchte ich keinen Auftrag ablehnen, nachdem ich praktisch monatelang demütig um die Ehre gebeten habe, ihn übernehmen zu dürfen (genau diese Haltung ist im Umgang mit der BBC angezeigt), was den Arbeitsplan noch gedrängter macht … Und plötzlich habe ich den

Eindruck, dass dieses romanfreie Jahr mich ins Grab bringen wird, noch bevor der Roman erscheint, der mich letztes Jahr beinahe ins Grab gebracht hätte (das würde natürlich die Verkaufszahlen auf mehrere Dutzend hochtreiben).

Und dann die Neufassungen und Änderungen. Das Umschreiben gehört so sehr zum Schreiben wie der Raubüberfall zum fröhlichen nächtlichen Stadtspaziergang. Entschuldigen Sie, ich bin ein wenig verbittert, weil ich zu viel unangenehmes Umschreiben hinter mir habe. Das richtige und verbessernde Umschreiben ist ein strapaziöses Vergnügen, wie ich schon klargemacht habe, glaube ich. Alles, was ich schreibe, wird so oft umgeschrieben, bis es quietschsauber glänzt, ehe jemand anderes sich damit abgeben muss. Bei Gemeinschaftsproduktionen müssen notwendige Änderungen vorgenommen werden, die mit technischen Fragen, Abweichungen bei Ort oder Besetzung oder Geldmangel zu tun haben – die Möglichkeiten sind grässlich und unendlich zahlreich, und doch machen sie irgendwie Spaß. Dann gibt es noch die guten Ideen und Anstöße von Menschen, die einen gesunden Blick von außen auf ein Werk haben. Mit all diesen Fällen kann ich freudig umgehen.

Aber dann gibt es noch die andere Sorte Änderungen – die falsche Sorte. Auch die werden viele von Ihnen schon kennen, und wahrscheinlich rutschen Sie schon unbehaglich hin und her. Die haben nie etwas mit dem Buch oder Drehbuch selbst zu tun, sondern immer nur mit demjenigen, der sie verlangt – und Sie können mir glauben, sie werden immer *verlangt*. Diese Menschen sind nicht in der Lage, *Vorschläge* zu machen. Diese Änderungen sind erforderlich, weil die Betreffenden persönliche Probleme haben, weil sie sich machtvoll und befugt fühlen müssen, weil sie unbedingt anderen Leuten den Tag versauen wollen, weil sie Projekte, die sich einmal lebendig und angenehm anfühlten, um Stunden oder Wochen oder gar Monate in die Länge ziehen müssen. Diese Schwierigkeiten sind leider durch keine Form literarischer Eingriffe zu lösen, weshalb die Wünsche und Forderungen weitergehen können und werden, bis der Autor das Einzige tut, was ein Autor tun kann – sich aus dem Projekt zurückziehen und akzeptieren, dass riesige Mengen Arbeit und Anstrengung verschwendet sind, dass Kämpfen umsonst gewesen ist, dass das Drehbuch, der Text, der Artikel, der Limerick jetzt bloß noch ein Kuddelmuddel ist, unrettbar und unerträglich, und dass man auf keinen Fall seinen Namen damit verbunden sehen möchte. Und ab da ist alles Schuld der Autorin, die von nun an und in alle Ewigkeit als »schwierig« gebrandmarkt wird – obwohl sie sich schon verbogen hat wie eine Brezel, um immer widersprüchlichere und mental merkwürdigere Vorgaben zu erfüllen. Ein befreundeter Drehbuchautor rechnet es sich schon als Erfolg an, wenn er die Schlussbesprechung tränenfrei übersteht – und der ist Veteran des Koreakrieges ... Immerhin kann Ihnen der Stress und die persönliche Kränkung durch solcherlei Unsinn ins Gedächtnis rufen, dass es Ihnen noch wichtig ist, was am Ende auf jeder Seite steht. Und bei zukünftigen Gelegenheiten als emotionale Erinnerung dienen, wenn Ihre Arbeit von anderen in Frage gestellt und geprüft wird. Es ist ein himmelweiter Unterschied – und der ist mehr als offensichtlich – zwischen dem kleinen Stich, wenn jemand eine Schwäche in Ihrer Arbeit bemerkt, die Ihnen entgangen ist, und dem bohrenden Schmerz, wenn jemand sich entschließt, etwas Hirnloses zwischen Ihre ganz persönlichen Sätze zu zwängen, weil er beispielsweise eine komische Beziehung zu seinem Vater gehabt hat.

Wenn ich meine Schreibjahre an mir vorbeiziehen lasse, fällt mir auf, dass es nur eins gibt, was ich wirklich bereue, was mich ärgert, was ich ganz allgemein beklage: die Monate – vielleicht gar Jahre –, die ich an Projekte verschwendet habe, die ganz gut hätten werden können, wenn alle Beteiligten tatsächlich gewollt hätten, dass sie so gut wie nur möglich werden. Mein Ratschlag wäre: Suchen Sie sich Ihre Arbeitspartner gut aus. Einschränkung: Nehmen Sie keine Ratschläge von Leuten an, die nicht auf ihre eigenen Ratschläge hören. Vorwärts.

21

Also, ich würde mich immer noch nicht als gesund bezeichnen, aber ich bin jedenfalls nicht mehr so krank wie beim letzten Eintrag. Jeden Morgen nehme ich eine Handvoll Tabletten, jeden Abend ebenso, und ich habe nicht mehr das Gefühl, von der Erde fallen zu können, wenn sie sich nur ein bisschen schneller dreht. Ich laboriere noch an den letzten Nachwirkungen der Labyrinthitis, habe mir inzwischen eine brandneue Nebenhöhleninfektion zugezogen und muss außerdem mehrere heftige Antibiotika schlucken, um den *Helicobacter pylori* zu bekämpfen, der – wie mein Arzt ganz vergessen hatte, mir mitzuteilen – in meinen Innereien herumschwamm und im Begriff war, mir Magengeschwüre zu verursachen. Ich kann wieder atmen und sehen, und der Tinnitus hat aufgehört, also kann ich mich kaum beklagen, obwohl ich mich natürlich bei jeder sich bietenden Gelegenheit beklage – das füllt die Zeit, in der ich mich sonst überarbeiten würde. Gestern – als ich gerade in angemessenem Selbstmitleid versank – bekam ich einen Brief aus dem Gefängnis Long Lartin in Worcestershire, in dem neben anderen Häftlingen auch Menschen ohne Verurteilung gefangen gehalten werden. Sie haben noch gar nicht vor Gericht gestanden, ihre Schuld oder Unschuld ist nicht festgestellt worden, weil sie in das rechtliche und moralische Vakuum gefallen sind, in dem Menschen existieren müssen, die auf irgendeine Weise mit Terrorismus in Verbindung gebracht werden. Ihnen ist wahrscheinlich klar, wie eigenartig schnell und leicht man auf mehr oder weniger unbestimmte Zeit an einem mehr oder weniger unangenehmen Ort landen und als terroristische Bedrohung gebrandmarkt werden kann. Die jüngsten Enthüllungen über die in Guantanamo Inhaftierten erzählen vertraute Geschichten von unter Folter erpressten Aussagen, von Gefangennahme wegen Geld, von festgesetzten Rentnern und Minderjährigen, von einer Gruppe absolut unschuldiger Uiguren, die jahrelang eingesperrt waren, und davon, dass schon das Tragen einer bestimmten Armbanduhrenmarke einen zum eindeutig Verdächtigen stempelt. Irgendwie kann es nicht überraschen, dass der zeitweise für Guantanamo zuständige Sprecher der US-Marine ein gewisser Lieutenant Mika Kafka war.

Mein Brief kam von Syed Talha Ahsan, einem Mann mit Asperger-Syndrom, der sich unter anderem für die Freilassung des früheren Guantanamo-Insassen Moazzam Begg einsetzte. Ahsan selbst ist seit Juli 2006 inhaftiert, nachdem die US-Regierung seine Auslieferung beantragt hatte. Das neue Auslieferungsgesetz von 2003 legt fest, dass solche Anträge nicht durch Anscheinsbeweise gestützt werden müssen. Er ist in Großbritannien keiner Straftat für schuldig befunden worden.

Vielleicht finden Sie das ebenso verstörend wie ich, aber in Talhas Brief war von seiner Lage gar nicht die Rede. Es war ein Brief wie so viele andere von einem Schriftsteller, der um Rat bat. Talha Ahsan ist ein Dichter, der seine literarischen Fähigkeiten der Kurzgeschichte zuwenden möchte. Er weiß nicht, wann er ausgeliefert werden wird, und überlegt daher, ob ein Fernkurs in Kreativem Schreiben ratsam wäre. Er schreibt, ein anderer Gefangener sei jetzt seit dreizehn Jahren inhaftiert – jede Menge Zeit zum Studieren –, aber vielleicht hat er nicht mehr so lange Zeit, man kann es nicht wissen.

Wenn ich Ahsan heute Abend antworte, werde ich ihm sagen, was ich jedem Schriftsteller sagen würde – dass Kurse und Seminare nicht nötig sind, dass die Idee, Kreatives Schreiben zu unterrichten, relativ neu und mitunter nur eine Möglichkeit für gewisse Institutionen ist, mit den Hoffnungen schreibender Anfänger Geld zu machen und dafür wenig nützliche Gegenleistung zu liefern. So wie Schönheit, Glück und Sex zur Ware geworden sind, so auch Phantasie und Vorstellungskraft. Eine Fülle von Kursen, DVDs und Computerprogrammen sind aus dem Boden geschossen, um Menschen Geld aus der Tasche zu ziehen, die früher einfach nicht anders gekonnt hätten als zu schreiben, und es dann eben auch einfach getan hätten. Solche Menschen haben selten Geld übrig und sollten vor allem vor schäbigen Tricks, überflüssigen »Methoden« und intellektueller Manipulation geschützt werden. Ich möchte keinesfalls dazu auffordern, den Launen von Künstlern immer nachzugeben oder sie ernster zu nehmen als die anderer Menschen. Doch ich muss sagen, dass Schriftsteller – vor allem Anfänger – schrecklich sensibel sind. Sie sind von einer Leidenschaft gepackt, die sie noch nicht kontrollieren können, sie müssen einfach alles lesen, was sie in die Finger kriegen, müssen alle Ratschläge suchen, die ermutigend wirken, müssen der noch sprachlosen Stimme in ihrem Leben nachjagen, müssen die Freuden und Schmerzen dieses Lebens annehmen, das voll und ganz der Erschaffung von Musik und Worten und Wundern für andere gewidmet ist. Daher können sie sehr leicht missbraucht werden, und das macht den Missbrauch noch abstoßender.

Glücklicherweise wird genau dieses unersättliche Lesen und Experimentieren und Suchen und Grübeln sie irgendwann zu Schriftstellern machen. Es wird sie auf ein Leben voller Veränderungen und ununterbrochenem Lernen vorbereiten. In den fünfundzwanzig Jahren, die ich jetzt schreibe, bin ich zahllosen hoffnungsvollen Autorinnen und Autoren begegnet, die an ihren Fähigkeiten zweifelten, weil sie keine Universität besucht hatten, kein Bücherregal voller Schreibratgeber besaßen, nicht in einem entsprechend eingerichteten Arbeitszimmer zu Füßen eines Meisters gesessen und dessen Weisheit aufgesaugt hatten. Tatsächlich waren sie weder fähiger noch unfähiger als die anderen, die einiges, wenn nicht alles davon getan hatten. Manche Kurse lohnen sich, manche Bücher sind hilfreich, das hängt auch von der Persönlichkeit des Schreibenden ab. Man findet auch immer noch ein bisschen Gratishilfe in der Welt da draußen, trotz der endlosen Kürzungen, und bereits etablierte Autoren opfern oft großzügig von ihrer Zeit, wenn sie einigermaßen nett gefragt werden. Außerdem würde ich Raymond Carvers Gedichtband *Fires* empfehlen, ein Buch, das mich aufs Schreiben vorbereitete, noch bevor ich überhaupt wusste, dass ich schreiben wollte. Wenn Sie Tschechows Briefe in die Finger bekommen können: Die sind voll mit Einsichten, Humor und der richtigen Demut. R. L. Stevensons Essays über Erzählliteratur sind wundervoll, leidenschaftlich, vernünftig und menschlich. Weniger klug ist es wahrscheinlich, ein Buch über das Schreiben von jemandem zu lesen, dessen Namen Sie noch nie gehört haben und der Sie auffordert, sich Gärten vorzustellen oder Ihre Aura aufzufrischen oder Beschäftigungsübungen auszuführen oder die Augen zu schließen oder mit der Hand zu krakeln, die nicht Ihre natürliche Schreibhand ist.

All diese Dinge werde ich auch Ahsan schreiben. Ich habe den Mann noch nie gesehen, ich kenne ihn nur durch seine Gedichte, zarte und wütende Texte, die sich zum Teil mit den Freuden beschäftigen, die ihm verwehrt sind: selbstgewählte Mahlzeiten, die Berührung der Haut einer Geliebten, die Fähigkeit, überall zu sein, wo er sein möchte. Ich weiß, dass mir das Schreiben immer ein Trost war, eine Zuflucht und ein Quell der Kraft. Ich weiß, dass Schreiben das Menschsein derjenigen ausdrücken kann, die anderswo aus dem Leben abgeschrieben sind. Ich weiß, schon das einfache Senden eines Briefes an einen Gefangenen kann ihn oder sie oder ihre Behandlung verändern. Die Arbeit von Amnesty International oder PEN beruht auf der Kraft des geschriebenen Wortes. Aber wie soll ich darüber zu jemandem sprechen, der Dinge erduldet, die ich mir nicht einmal vorstellen kann und, das weiß ich, nicht aushalten würde? Wie kann ich über die Menschlichkeit des Schreibens sprechen, und dass es ein Triumph der Schönheit ist, wo ich doch weiß, dass die Menschheit Ahsan so hässlich behandelt? Vorwärts.

22

Heute kann ich nicht sprechen. Mein Körper will offenbar das Wörterbuch lästiger Krankheiten durcharbeiten, und nachdem wir die Labyrinthitis bewältigt haben, sind wir in eine Laryngitis hineingestolpert, oder jedenfalls eine Abart davon. Ich hoffe, wir werden nicht den gesamten Buchstaben L abklappern oder können zumindest das Lassafieber überspringen, das oft viel unangenehmer sein kann, als den Patienten lieb ist, selbst wenn sie sich Ribavirin leisten können.

Sie werden bemerkt haben, dass ich nicht *Ich habe meine Stimme verloren* schreibe – das einerseits, weil ich nicht das Gefühl habe, meine Stimme verloren zu haben, solange ich noch schreiben kann; und andererseits, weil dieser Satz uns allen, die wir jahrzehntelang versucht haben, eine handhabbare Stimme zu finden, einzufangen, zu zähmen und auszubilden, immer einen frostigen Schauder versetzt.

Buchstäblich unhörbar zu sein wird mich natürlich eine Weile frustrieren, aber da ich die ganze Woche körnige Filmaufnahmen von Pflegeheiminsassen angeschaut habe, die längst über alle Hilfeschreie hinaus sind, kann ich mich nicht wirklich beschweren. Als ich mit dem Schreiben anfing, arbeitete ich etwas mehr als zehn Jahre lang in verschiedenen Einrichtungen mit Gruppen gefährdeter und verletzlicher Menschen und musste mit ansehen, wie die harte Hand der Thatcher'schen Reformen jeden Tag jedem Leben ein wenig Trost und Möglichkeiten stahl. Unmöglich, die Altenheime zu vergessen, in denen Menschen saßen und weinten, Urinlachen um ihre Füße, jeder Würde beraubt, nur weil sie alt und nicht wohlhabend waren.

Ich arbeitete für eine wohltätige Kulturorganisation und wurde in die Heime und Stationen geschickt, um älteren Menschen zuzuhören und Erinnerungen zu sammeln (manchmal durften wir uns sogar Dingen widmen, die nichts mit der Vergangenheit zu tun hatten). Ich war zumindest eine Art Gesellschaft, eine Beschäftigung. In den guten Heimen mit guter Belegschaft, die es trotz allem irgendwie hinbekamen, teilten wir Geschichten darüber, wer die Leute einmal gewesen waren, und das half ihnen, ihre Gegenwart, ihre individuelle Realität zu festigen. In den schlechten Einrichtungen, den verkommenen Heimen, den Arrestzellen für die lästigen Noch-Nicht-Toten, hörte niemand zu. Niemand kümmerte sich darum, wenn die Insassen aus reiner Verzweiflung schrien, warum sollten die Pfleger also irgendwas über frühere Berufstätigkeit hören wollen, über großgezogene Kinder, über das Fahren einer Straßenbahn im Bombenkrieg, über Verluste und Hoffnungen? Es kommt niemandem richtig vor, die Mitglieder der eigenen Gattung mit so brutaler Gleichgültigkeit zu strafen, also sollte man am besten vergessen, dass sie zur eigenen Gattung gehören – man sollte ihnen keine Stimme geben.

Ich hatte mich auf die Arbeit mit Marginalisierten spezialisiert. Nach einiger Zeit wurde mir klar, dass die Ränder der Gesellschaft viel ausgedehnter sind als das behagliche Zentrum. Wenn man sich von ihnen fernhalten will, sollte man nicht krank werden, keine Behinderung haben, keinen Unfall erleiden, keinen misshandelnden Partner wählen, nicht jung und arm sein, oder alt und arm, und kein Pech haben. Vor allem sollte man kein Pech haben.

An den Rändern werden Stimmen gedämpft oder ignoriert. Ein Mann brauchte zum Sprechen ein Gerät, aber manchmal erzählte er Witze damit, darum wurde es ihm weggenommen und in einen Schrank geschlossen. Wie würde Ihnen das gefallen, wenn jemand Sie am Sprechen hinderte, weil man meint, dass Sie Ihre Stimme auf frivole Weise benutzen? Aber wenn Sie Zerebralparese haben, dann ist es ganz in Ordnung, Ihnen die geeignete Ausdrucksmöglichkeit zu nehmen. Und genauso in Ordnung, Ihnen die notwendigen Mittel zum Leben zu streichen. Menschen, von denen wir nichts hören, können leiden, ohne uns zu stören – wir werden von den Einzelheiten ihres Elends nicht belästigt. Ab und zu sieht man eine Dokumentation, die einige Kommentare provoziert, oder irgendjemand bringt zu offensichtlich zu viele Menschen um. Natürlich können wir das Verhalten eines Dr. Shipman und ähnliche Abartigkeiten nicht akzeptieren. Aber wir können uns entscheiden, keinen Gedanken daran zu verschwenden, dass es bei jeder Verlegung älterer Mitbürger von einer Einrichtung in eine andere immer auch zu Einsparungen kommt – der Umzug bringt nämlich einen gewissen Prozentsatz um. Ein interessanter Gedanke: Nur wenige Menschen zu pflegen spart Geld, wirkt jedoch grausam; wenn man allerdings im Voraus spart, gibt es später auch weniger Menschen zu pflegen, und doch wirkt es viel zivilisierter. Das weiß ich nur, weil es mir ein leitender Beamter im Sozialamt erklärt hat. Der Tonfall seiner Stimme war angenehm, vernünftig, klar.

Entschuldigen Sie, das ist vielleicht ein bisschen düster, wo doch die Sonne scheint und Prince Philip offiziell immer noch als brauchbarer Mensch betrachtet wird, obwohl er schon neunzig geworden ist. Mir geht es gut, außer dass ich alle Menschen ankrächzen muss. Meine letzten Treffen mit den Studierenden in Warwick habe ich auf die übliche Weise gestaltet, allerdings mit einer ganz neuen Ergänzung. Ich habe die Eigenschaften des Raubvogelauges bereits erwähnt – sowohl den Studierenden gegenüber als auch in diesem Blog –, und diese Woche haben wir die Beschäftigung mit dem Thema noch ausgedehnt. Eines Vormittags gesellten sich zwei Wüstenbussarde, ein Jagdfalke, eine Schleiereule und eine Büscheleule zu uns. Shakespeare hat sowohl über die Augen des Liebenden geschrieben – die *den Adler blind schauen* – als auch über das Auge des Dichters. Seine Liebenden schreiben: Kaum verlieben sie sich in das Objekt ihrer Zuneigung, verfassen sie auch schon Briefe und Gedichte und *Worte, Worte, Worte.* Ihre Augen blitzen *auf zum Himmel und zur Erd hinab* – sie sind so ungeheuer lebendig wie noch nie zuvor, ausdrucksstark, aufmerksam, *empfindlicher und feiner.* Sie feiern sich selbst und ihre Liebe in ihren Stimmen. Wenn wir jung sind, bewegen wir uns irgendwie darauf zu, wenn wir alt sind, ist es noch nicht ganz aus uns gewichen. Für mich sind das Auge des Schriftstellers und das des Raubvogels – so wie die Augen der Liebenden und die der Dichter – eng miteinander verwandt, und es lohnt sich, über sie nachzudenken.

Schon lange hatte ich Schreibende in einem Raum nicht bloß mit der Metapher, sondern mit der Realität dieses Raubtierauges zusammenbringen wollen: *Hier ist etwas so tief und vollkommen Lebendiges, dass es das Auge anzieht, dass es den Betrachter glücklich macht – können Sie dasselbe mit Ihren Worten anstellen? Hier ist ein Blick über Leben und Tod, ein absolut unwiderruflicher Wille – hat Ihr Werk die gleiche Willenskraft, die gleiche Stärke, sein Ziel genau zu kennen und sich ihm völlig unterzuordnen? Hier ist ein Lebewesen, von seinen Bedürfnissen geformt, das durch die Anforderungen seines Lebens schön ist – ist auch Ihre Arbeit so schön, so unverstellt und aufgeräumt, wird sie getrieben vom Herz Ihrer Bedürfnisse, von Dingen, deren Ausdruck Leben für Sie ist, deren Unterdrückung Tod? Hier findet etwas Ihren Blick mit einer Kraft, die Sie nie vergessen werden, die dafür gemacht ist, ihr Ziel zu treffen – können Sie dem Blick des Lesers mit der gleichen Kraft begegnen, werden Sie ihn immer berühren? Hier ist ein unentrinnbares Zentrum, umgeben von nichts als Formbarkeit, Geschmeidigkeit, der Fähigkeit, mit der riesigen Variablen fertigzuwerden, die Himmel heißt – kennen Sie das Wesen Ihres Textes so gut, dass Sie es nicht aus den Augen verlieren und sich dennoch seinen und Ihren eigenen Bedürfnissen anpassen können? Auf welche Weise sind Sie dieser Vogel? Und in welcher Hinsicht ist Ihr Schreiben, Ihre Stimme dieser Vogel? Hier ist ein relativ kleines Ding, ein lebendiges Ding, das auf Ihre Hand kommen und bei Ihnen sein kann und doch wild und ganz es selbst bleibt. Wenn Sie es zu fest halten, wird es sich wehren. Wenn Sie es zu locker halten, können Sie es verlieren. Wenn Sie es schlecht behandeln, wird es protestieren, Sie womöglich verlassen. Wenn Sie ruhig bleiben, bleibt es vielleicht bei Ihnen. Wenn Sie geübt und kundig sind, wird es womöglich mit Ihnen arbeiten, wird zulassen, dass Sie voneinander lernen. Es ist leicht zu lieben und leicht zu fürchten. Es kann Sie verändern, die Art, wie Sie stehen. Es weckt Respekt.*

Manchmal sind wir der Falke und manchmal sind wir der Falkner. Und manchmal brauchen wir Schönheit, um uns zu sättigen und in die Welt hinauszusenden, um uns die Kraft zum Sprechen zu verleihen. Und manchmal können wir auch anderen sprechen helfen. Die Studierenden sind fast am Ende ihres Kurses angelangt, doch bevor sie ihren Abschluss machen, werden sie noch Workshops leiten, werden anfangen zu lernen, wie sie ihre Fähigkeiten weitergeben können. Und jetzt können sie auch an Vögel denken, wenn ihnen das hilft – wir brauchen alle unsere Inspirationen. Vorwärts.

23

In meinem Arbeitszimmer hängt eine kleine Schiefertafel. Darauf notiere ich mit sorgfältiger Kreideschrift die Schreibaufgaben, die ich noch nicht vollendet habe: Essays, Drehbücher, Treatments, Neufassungen, Kurzgeschichten, Briefe, Romanexposés, in der Ecke weinen, mit meinem Wasserkessel reden … An manchen Tagen liebe ich diese Tafel und ihre zwanghaft-anale Detailversessenheit: den winzigen Kreidehalter, den noch winzigeren Wischlappen; an anderen Tagen habe ich das Gefühl, einen Schuldeneintreiber im Zimmer sitzen zu haben, der nach gebrochenen Beinen und verhärteten Herzen riecht.

Nachdem ich wegen der Krankheiten zwei Monate mehr oder weniger verloren habe, ignoriere ich die Tafel momentan komplett. Ich habe mir nicht gestattet, sie aus der Nähe zu betrachten, geschweige denn die Liste der Aufträge durchzulesen oder zu überlegen, wie viele weitere ich noch vor mir selbst im Hinterkopf verstecke. Ich weiß genau, wenn sie von der Tafel in mein Hirn wandern, lösen sie sich von ihren Deadlines und verwickeln sich schließlich ineinander, aber das ist mir egal – eine schriftliche Bestandsaufnahme triebe mich einfach wieder in die Küche, wo ich am Ende den Wasserkessel beschimpfen würde. Dabei ist mein Kessel eigentlich ganz nett.

Wieso habe ich so eine tiefe und innige Beziehung zu meinem Wasserkessel? Weil ich seit ungefähr fünfundzwanzig Jahren ein Mensch bin, der weiß, dass er etwas zu schreiben hat. Ich habe geschrieben, als niemand etwas von mir hören wollte, ich habe geschrieben, als ich mit dem Schreiben 30 Pfund im Jahr verdiente, ich habe geschrieben, als ich müde war von meinem Brotjob, als ich von der erschreckenden Euphorie einer neuen Idee erfüllt war, als ich meinen ersten Roman anfing, als ich meinen sechsten Roman anfing, als ich etwas anscheinend Unrettbares umschrieb, als ich mir zu beweisen versuchte, dass ich es zu etwas bringen könnte, und als ich bloß herumpfuschte, um zu sehen, was herauskam. Und was war bei all diesen unterschiedlichen Umständen der gemeinsame Nenner? Der Wasserkessel. Sobald es unvermeidlich wird, dass ein Autor, eine Autorin das erste Wort hinschreibt, wird es ebenso (und widersprüchlich) unvermeidlich, dass er oder sie ganz schnell etwas anderes machen muss, bevor es zum Schreibausbruch kommt. Daher der Kessel: *Wisst ihr was, ich brühe mir erst einmal ein frisches Heißgetränk auf – und dann lege ich richtig los. Auf jeden Fall. Ganz sicher.*

Autoren können industrielle Mengen von Aufschub generieren, bevor ihr erstes Sonett abgelehnt oder ihr erstes Romanexposé plus Probekapitel exorziert, verbrannt und ins Meer gestreut wird. *Sind alle meine Stifte nach Norden ausgerichtet? Oder genauer: zum magnetischen Nordpol? Was ist das für ein komisches Geräusch? Sieh mal an, draußen regnet es. Meine Fingernägel müssen geschnitten werden. Ich glaube, mein Computer steht kurz vorm Absturz, ich sollte ihn mal durchchecken lassen. Habe ich Zahnschmerzen? Werde ich Zahnschmerzen bekommen? Ich sollte Wieheißsternochgleich anrufen.* Die Unzahl der Möglichkeiten verleiht den Worten *Ewigkeit* und *Fegefeuer* ganz neue Bedeutungsdimensionen.

Als ich mit dem Schreiben anfing, waren alle Ablenkungen analog. Herrgott, ich musste mir über Farbbänder und Korrekturflüssigkeit für die Schreibmaschine Gedanken machen. Es war nicht möglich, einen eigentlich produktiven Tag mit dem Erstellen von Sicherungskopien zu verbringen, oder die einwandfrei aufgeräumten Festplatten neu zu partitionieren, oder Mails zu schreiben und zu lesen, oder online Filme von hinfallenden Katzen zu betrachten, oder virtuelle Patiencen zu legen. (Einmal habe ich mich an einem anspruchsvolleren Computerspiel versucht, und nach vielen Monaten hatte ich meine Figur ein Level weiter und dazu gebracht, sich in Dauerschleife hinzukauern, vor und zurück zu wiegen und »Oh nein« zu sagen.) Dennoch konnte ich mich auch vor den seligen Amstrad-Tagen ganze Wochenenden anderweitig beschäftigen anstatt zu schreiben. Haben Sie schon mal Ihre gesamte Kleidung nach Farben geordnet oder sämtliche Fliesenfugen mit der Zahnbürste gereinigt? Ich schon.

R. L. Stevenson hat einmal gesagt, er möge das Schreiben gar nicht, er möge es, *geschrieben zu haben.* Ich glaube, das kann ich nachempfinden. Der Akt des Schreibens ist ein Genuss, wenn man erst mal mittendrin ist; es ist bloß so, dass das Schreiben – wie viele andere intime, einnehmende und ermüdende Aktivitäten – vorher für Nervosität sorgt, für Herumgefummel und den dringenden Wunsch wegzurennen, bevor es einen richtig packt.

Ich schreibe wirklich sehr gern und habe sehr schnell begriffen, dass ich so viel wie möglich von diesem Aufschub und dieser Aufregung im Voraus ausschalten muss, indem ich Ablenkungsquellen beseitige und es mir so behaglich und bequem mache, wie es einer Calvinistin überhaupt möglich ist, ehe ich mich an den ersten Satz des Tages mache. Dann kam ich an den Punkt, wo ich mir mit Schreiben meinen Lebensunterhalt verdienen musste und nicht mehr auf die weniger profitable Option »Schreiben vermeiden« ausweichen konnte. Darum habe ich im Lauf der Jahre einige Vorbereitungsmaßnahmen entwickelt, wieder verworfen und schließlich verfeinert, um die Sache besser in Gang zu kriegen – so eine Art romantisches Dinner mit nachfolgendem geschmackvoll erotischem europäischem Film für die einsame Tipperin. Bevor ich mir meinen bequemen Schreibstuhl leisten konnte, stützte ich mich auf zahlreiche Kissen und Polster. Ich kochte mir eine Tasse Tee, alles stand schon im Voraus bereit. Ich blendete störenden Lärm durch angenehme Musik aus. Ich konditionierte mich selbst so, dass ich bestimmte Musikstücke damit assoziierte, *bereits zu schreiben*, und ich vollführte – im Lauf der Zeit – mehr oder weniger komplizierte Rituale, die aus sportlichen Übungen, Meditation und verängstigtem In-die-Luft-Starren bestanden. Und dann gibt es natürlich die bewährten Lieblingslügen zum Selbstbetrug: *Ich fange noch gar nicht an, ich daddele bloß noch ein bisschen herum. Ich werde jetzt das hier schreiben, obwohl ich das eigentlich gar nicht soll, darum ist es nur Spaß. Wenn ich noch eine Seite fertig kriege, darf ich mir eine Belohnung gönnen.*

Inzwischen beginne ich, vielleicht weil ich so alt und müde bin, mit ein bisschen Stimmarbeit, um mich wach zu machen, oder ich starte ein ganz und gar neues Projekt, indem ich mich gründlich wasche und pflege, oder ich sage mir einfach: *Also, los geht's.*

Ich weiß, dass es manchen Schriftstellern gelingt, das Schreiben ganz und gar zu vermeiden. Sämtliche kreativen Energien, über die sie verfügen, werden voll und ganz von Ersatz- und Übersprungshandlungen absorbiert. Zu diesen Tätigkeiten gehört oft, sich wie ein Autor zu kleiden, zu bewegen und anzuhören (oder auch wie einer zu trinken – tatsächlich meist wie einer zu trinken …), weshalb diese Personen als Wortkünstler oft viel überzeugender wirken als viele andere, die schon veröffentlicht haben. Als ich zu schreiben anfing, fand ich diesen Typus höchst verwirrend. Zu Hause war ich sowohl vom Schreiben als auch vom Nichtschreiben verstört. Ich wusste nicht, wie ich ausdrücken sollte, was ich sagen wollte, oder ob ich überhaupt wirklich wollte, oder ob sonst irgendjemand es wollte. Und draußen in der Welt liefen überall diese erstaunlichen Ausreden herum, das alles überhaupt nicht mehr zu versuchen. Ihr Weg war eine Versuchung. Aber mir war auch klar, dass er in eine grauenhafte Sackgasse führen musste.

In meinem Berufsleben habe ich zahllose Schriftsteller getroffen, die von ihrem eigenen Wunsch zu schreiben gelähmt waren, die intelligente und vernünftige Gründe vorbringen konnten, wieso sie nicht anfingen, sich nicht voll und ganz darauf konzentrierten, nicht weitermachten; für jedes Argument und jeden Vorschlag von meiner Seite, wie sie etwas zu Papier bringen könnten, hatten sie ein unschlagbares Gegenargument. Es kann schön sein, Streitgespräche zu gewinnen, aber nicht, wenn man sich selbst damit die Chance verbaut, etwas Schönes und ungeheuer Lebendiges zu tun. Ob man gewinnt oder verliert: Um mitzumachen, muss man erst mal das Spielfeld betreten, und Schreiben ist ein Spiel, das Sekunde für Sekunde die Erfahrung eines jeden Spielers ungeheuer vertiefen und erweitern kann. Wir alle können an jedem beliebigen Tag das Gefühl haben, der Aufgabe nicht gewachsen zu sein – und manchmal haben wir recht und sollten eine Pause einlegen. Aber nicht zu schreiben – das wäre so wie nicht zu sprechen, nicht zu berühren, nicht zu küssen. Pausen sind wahrscheinlich unvermeidlich, aber vielleicht sollten Sie Ihre Pausen nutzen, genießen, verkürzen, bis Sie deren Kanten, Ränder, Grenzen finden. Man könnte es so betrachten: Küssen ist gut, aber Küssen nach fünf oder zehn Minuten gut informierten Wartens – das kann noch besser sein. Vorwärts.

24

Wie einige von Ihnen wissen, habe ich jahrzehntelang an literarischen Veranstaltungen teilgenommen, und bei vielen werden auch Fragen aus dem Publikum beantwortet. Ich bin also an Zuhörerfragen gewöhnt, von denen manche schlicht verrückt sind oder Bezug auf finstere Verschwörungen nehmen, die verhindern, dass die Fragesteller selbst veröffentlicht oder angemessen gewürdigt werden, während hinterhältige Illuminaten und/oder Echsenmenschen wie ich auf einen Wink hin günstige Buchverträge und Eimer voller Mäusebabys bekommen. Ich kenne Fragen, die gelegentlich in der Wirklichkeit, eher aber in verschiedenen Episoden von *Mord ist ihr Hobby* gestellt werden: »Schreiben Sie mit einem Stift, oder benutzen Sie ein aufgearbeitetes Schiffchen von einem alten portugiesischen Handwebstuhl?« oder »Wie lange arbeiten Sie, bevor Sie eine Pause einlegen und ein paar Mäusebabys essen müssen?« und das unvermeidliche »Woher kriegen Sie Ihre Ideen?«

Viele dieser Erkundigungen gelten inzwischen als uncool und werden vom erfahrenen Literaturpublikum umschifft, auch wenn ein aufmerksamer Jungautor es womöglich ermutigend findet, von X zu erfahren, dass sie eine Vorliebe für gelbe Notizblöcke hat, oder von W, dass er am liebsten auf Pergament schreibt, oder von Ns Angewohnheit, auf die Rückenpartien rothaariger Holzfäller zu kritzeln. Und wenn so ein Publikum halb vorwurfs-, halb erwartungsvoll vor einem sitzt, nachdem die »Woher?«-Frage gestellt wurde, dann muss schon irgendeine Antwort kommen. Ich kenne Schriftsteller, die sich gewohnheitsmäßig weigern, auf der Bühne Fragen zu beantworten, aber falls sie nicht gerade unverschämt bedrängt werden, kommt mir das vor wie jemand, der mich beim Rendezvous aufs Ohr küsst und mir dann eine runterhaut, weil ich ihn oder sie gelassen habe. Wenn man die »Woher?«-Frage nicht beantwortet, bleibt irgendwie in der Luft hängen, dass der befragte Schreibende seine Ideen womöglich in abgelegenen Gassen unterm Ladentisch einer schmuddeligen Inspirationshöhle erwirbt, oder dass er billige ausländische Ideen kauft, die unter grausamen und unhygienischen Bedingungen aufgezogen wurden. Und dann gibt es natürlich noch die Option, dass *die Ideen vom Teufel persönlich kommen, als Gegenleistung für meine sterbliche Seele.*

Beantworte ich die »Woher?«-Frage gern? Nicht unbedingt. Das liegt zum Teil daran, dass der ganze Bereich – wenngleich kaum genau definiert – von Aberglauben umgeben ist: Wird die Inspiration verschwinden, wenn ich sie zu genau untersuche? Und zum Teil daran, dass meine Antwort in einem größeren Kontext stehen wird, der sie absurd erscheinen lässt. Ich glaube, nicht zufällig verblasste die Vorstellung vom Teufelspakt gerade zu der Zeit, als man Autoren nicht mehr kleine Wundertaten an Schöpfung und Erfindung zuschrieb. Man hielt es einst für wahrscheinlich, dass Menschen, die aus dem Nichts etwas schufen, göttlich inspiriert oder aber von Dämonen besessen waren, jedenfalls mit irgendetwas »in Verbindung« standen. Das machte Dichter zu Priestern – was niemandem guttun kann –, doch es verhalf dem Handwerk zu Ansehen und ließ möglich erscheinen, dass Phantasie und Kreativität zugleich menschlich und göttlich sind. Dann trat die Literaturkritik auf den Plan – zu der notwendigerweise Nachforschung und Recherche gehören – und definierte den Schriftsteller neu als eine Art selbstbezogenen Kopierer, der billige Abziehbilder der Wirklichkeit wiederkäute, Aspekte von Freunden, Geliebten und Bekannten klaute, das Ganze dann zusammennähte und mit den hinkenden, monströsen Ergebnissen wenig überraschende kleine Welten bevölkerte. Aus Fiktion wurde Autobiographie. Oder Kommentar. Oder Essay. Will sagen, gar keine Fiktion mehr: nicht kraftvoll, mysteriös, wundervoll und überwältigend, sondern etwas, was sich ordentlich in eine Dissertation einfügen lässt, oder in eine Rezension, die nahelegt, dass der Rezensent gewisse intime Details über Charakter und Lebensumstände des Autors kennt, ohne die der Leser aufgeschmissen ist. Wäre der Leser tatsächlich ohne diese Fakten aufgeschmissen, dann wäre das literarische Werk natürlich nicht gelungen. Beim Schreiben geht es um Kommunikation, nicht darum, welche Partys man frequentiert.

Jetzt wedelt also der Hund mit dem Schwanz. Leser, die jede Art von fiktionalem Schreiben mögen – darunter auch die phantastischsten Phantasieprodukte – müssen über ihre Leidenschaften schweigen, damit man sie nicht für albern hält. Schriftsteller, die ihr Leben lang Geistern, Engeln, Dämonen, Silben und der Form des Unbekannten nachjagen, dürfen nicht aussprechen, wie verstörend und phantastisch und wundersam dieser Vorgang sein kann. Die Aufsätze und Rezensionen hingegen blühen und gedeihen in dem Kontext, den sie selbst geschaffen haben. Das ist größtenteils ein toter Kontext. Ein Kontext, den viele gute Literaturwissenschaftler verabscheuen. In dem jeder Geist traumlos ist, keine Launen hat, keine Gedanken an die Vergangenheit, die über bloßes Aufzählen hinausgehen, keine Hoffnungen für die Zukunft, keine Intuitionen über die Gegenwart und vor allem keine Inspiration. Inspiration meinte ursprünglich, wie Sie sicher wissen, den Hauch des göttlichen Geistes, ein verwandelndes, brennendes Anderes, das Gefühl, dass einem eine Idee, ein Gedanke, ein Bedürfnis direkt in die Lungen geblasen wird. Als Autorin und als Leserin möchte ich nicht, dass Autoren oder Lesern diese Macht und diese Schönheit verschlossen bleiben. Jedes Individuum interpretiert sie vielleicht anders, aber ihr völliges Fehlen wäre auf jeden Fall überhaupt kein Spaß. Und sie zu verleugnen wäre emotional, psychologisch und sogar moralisch lähmend. Ich will damit nicht sagen, dass jede Schöpfung gut ist – das ist sie sicher nicht. Aber ganz ohne Kreativität werden uns die Heilmittel gegen das Schlechte ganz schnell ausgehen, und die Geschichten, die wir uns erzählen, werden kleiner und enger, werden uns glauben lassen, dass wir weniger sein können.

Um aber auf die Publikumsfragen zurückzukommen: Es gibt inzwischen, das ist eine ganz natürliche Entwicklung, die Erwartung, dass die »Woher?«-Frage mit einem Bezug auf die Persönlichkeit und das Leben der Autorin beantwortet wird, auf die Personen, von denen sie dieses oder jenes geklaut hat, auf ihre Plagiate der Wirklichkeit. Das aber wäre, abgesehen von allem anderen, hauptsächlich vernichtend vereinfacht. Ja, sicher, die Geschichte kommt durch den Autor und vom Autor. Die Geschichte des mörderischen, einäugigen Bäckers klingt von John Banville erzählt vielleicht ganz anders als von Richard Curtis. Das Werk spiegelt die Leidenschaften des Autors wieder – er wird sich wahrscheinlich nicht auf einen Roman über Philatelie einlassen, wenn er sich mit dem Thema nicht monatelang beschäftigen will. Wenn allerdings eine Idee zu ihm kommt und hartnäckig wiederkehrt und sich um Briefmarkensammeln dreht, dann muss er eben Begeisterung für die klebrigen kleinen Dinger entwickeln, denn eine Vorstellung braucht die Sicherheit der erlebten Erfahrung (ich weiß, wir leben im Zeitalter der Castingshows und der sofortigen Ergebnisse, doch die Phantasie einer gelebten Erfahrung, die für andere nachvollziehbar ist, lässt sich am besten durch harte Arbeit erzeugen, nicht durch das Durchleben der Erfahrung – das ist der Job des Schreibenden, nicht des Lesers). Die fundamentalen Ansichten des Autors oder der Autorin werden wahrscheinlich auch nicht verworfen werden – ich werde kaum freiwillig über eine Frau schreiben, die Angst vor Mäusen hat und nichts weiter als für ihren Mann kochen möchte, aber … wenn sie sich mir aufdrängt, dann muss ich ihr auch Ausdruck verleihen. Diese Prozesse des persönlichen Einsatzes, der Erkundung, des Verlustes, der Überraschung und der Verwirrung fließen ineinander und übereinander. Anfängliche Ideen werden geformt und wieder umgeformt, manchmal bewusst, manchmal – ich sage es erneut – unter einem Druck, der tatsächlich äußerlich erscheinen kann.

Ich habe keine aussagekräftige Ahnung, wo meine Figuren herkommen. Abgesehen von jenen Schriftstellern, die ihre wichtigen Beziehungen in Prosa abarbeiten, habe ich noch niemanden getroffen, der die Ursprünge seiner Figuren angeben konnte, ohne dabei höchst vage zu werden. Wir haben alle unsere Methoden, Charaktere zu entwickeln, doch ihre Quellen bleiben im Verschwommenen. Ich habe das Gefühl, literarische Figuren und ihre Landschaften können ebenso fesselnd und intuitiv sein wie Ungeheuer der Kindheit, Lieblingsspielzeuge oder Abenteuerlandschaften.

Und jetzt soll ich Ihnen eine technische Erklärung liefern, wie Sie Ihre Welten und Ihre Figuren geliefert kriegen. Aber wie kann ich das tun? Die gute Nachricht ist: Das ist einfach Ihr Job. Das ist leider auch die schlechte Nachricht, aber nicht so richtig – wenn wir einfach beschließen, offen gegenüber allem zu bleiben, was zu uns kommt, dann wird sicher auch etwas kommen. Dafür sind weder Diebstahl noch Patchwork notwendig. Jedes Teil von jedem Stück wird maßgeschneidert sein, so gewachsen, dass es an seinen Ort passt und nirgendwo anders hin. Und die Freude darüber, etwas aus dem Nichts geschaffen zu haben, wird ganz echt sein. Genauso aber auch – zweifellos – die Unsicherheiten und Ängste. Wenn ich höre »Ja aber ... die Figur muss doch auf irgendwem basieren ...«, dann vernehme ich jemanden, der noch nicht loslassen und einfach warten kann, was passiert, der Angst hat, sich Sachen einfach auszudenken, Angst vor etwas Schlichtem, Kindlichem, unermesslich Einflussreichem, vor einem Geschenk. Wir haben es hier mit Glauben zu tun: erschreckender, enthüllender, großzügiger, außerordentlicher Glaube – wenn Sie so wollen, *beruflicher* Glaube. Wenn Sie glauben, dass Ihr Material für Sie da ist, dann wird es da sein. Sie haben auch eine andere Möglichkeit, aber wieso sollten Sie die ergreifen? Es ist nicht leicht, das zu sich kommen zu lassen, was man braucht, aber es ist herrlich.

Vorwärts.

25

Wieder einmal muss ich mich für eine lange Pause zwischen zwei
Einträgen entschuldigen; vielen Dank, wenn Sie immer noch da
sind, um das hier zu lesen. Mein Magengeschwür und mein allmählich wieder greifender Terminplan haben beschlossen, auf
nicht unbedingt günstige Weise zusammenzuwirken. Einerseits bin
ich ein bisschen unter Leute gekommen, was mich zunächst auf-
geheitert hat: Ich habe am Literaturfestival in Budleigh Salterton
teilgenommen, Krabben-Sandwiches gegessen und am Nudisten-
strand verwegen meinen Mantel gelockert. Ich durfte in Chelten-
ham ein paar großartige und reizende Menschen auf der Bühne
präsentieren: James Rhodes, Mark Thomas und Richard Wiseman;
und ich hatte Gelegenheit, die Arbeit von Mervyn Peake öffentlich
zu loben. Andererseits musste ich mich zwischen diesen Ausflü-
gen immer öfter und immer länger hinlegen, bis die Magenprob-
leme meine Exkursionen ganz und gar beendeten, und inzwischen
navigiere ich nur noch zwischen den Medikamenten Zantac und
Gaviscon hin und her. Mich sollten Sie besser nicht mit einem bei-
läufigen »Wie geht's?« begrüßen, denn ich werde es Ihnen erzählen.
Ausführlich.

Ein Aspekt dieser aktuellen selbstverschuldeten Unbill fasziniert mich allerdings. Aus unerfindlichen Gründen – Erschöpfung,
medikamentöse Wechselwirkung, Stress – habe ich keine Gefühle
mehr. Am Tiefpunkt dieser Erfahrung kam es mir vor, als wäre ich
gestorben und müsste mir nun selbst als Geist erscheinen, immer
ein bis zwei Meter hinter dem Geschehen her schwebend. Ich bekam traurige Neuigkeiten zu hören, ich erfuhr, dass Teile Londons
brannten, ich grübelte über schwierige Aufgaben nach, die vor mir
lagen, wenn ich nicht schon mittendrin steckte, und das Einzige, was ich dabei spürte, waren meine Atemzüge – weiter nichts.

Wenn ich mich an vergangene Ereignisse erinnerte, schienen sie mir wenig überzeugend, weil sie jede emotionale Färbung verloren hatten. Dramatische Darbietungen mit irgendwie gefühlsintensivem Inhalt irritierten mich, also hing ich abends nur noch vor dem Fernseher und schaute amerikanische Fernsehserien, die nur Großbuchstaben zum Titel haben: *CSI, SVU, JAG, NCIS, OMG, BS* und so weiter.

Zufällig wurden im August und September nur Sachtexte von mir erwartet, doch mir war bewusst, dass der sonst übliche Strom fiktionalen Hintergrundmurmelns völlig verstummt war. Die vielversprechenden Fragmente in meinem Notizbuch waren gut lesbar, doch sie bedeuteten nichts. Das Gleiche galt für die Fetzen in meiner Prosa-Datei auf dem Computer … Jedes Mal, wenn ich den Blick nach innen richtete, sah ich nichts – das war gar nicht unbehaglich oder erschreckend, einfach nur undurchdringlich. Dass es mir nicht einmal Sorgen machte, unterstrich das Problem nur noch. Keine Gefühle. Und keine Geschichten.

Das ist natürlich kaum überraschend. Seit mehr als zwei Jahrzehnten spreche ich mit Autoren über die Bedeutung von Gefühlen für unsere Arbeit. Wenn ein Text keine Emotionen bietet, mit denen sich die Leser identifizieren können, bleiben sie womöglich unbeteiligt. Vielleicht erklingt der notwendige Schuss, vielleicht kommt sogar ein Mann mit einer Pistole herein – aber wenn wir nicht auf irgendeine Art ins Geschehen hineingezogen werden, könnte er genauso gut mit einem Hamster oder einer Tüte Nüsse hereinkommen. Literarische Figuren, deren Innenleben nicht in irgendeiner Gefühlstonlage summt und brummt, können kaum mit den echten und komplexen Menschen konkurrieren, an denen sie – auf einer bestimmten Ebene – immer gemessen werden. Wir erwarten von den Lesern, dass sie vorübergehend ihre Nächsten und Liebsten, ihre angenehmen Erinnerungen, ihre herrlichen Vorfreuden und ihre gegenwärtigen Sorgen verdrängen, um Platz für unsere Erfindungen zu schaffen – wenn in unseren Werken zumindest emotionale Ehrlichkeit liegt, wirkt dieses Ansinnen weniger unsinnig.

Was am Schreiben zu Beginn so erschreckt, ist das mehr oder weniger klare Bewusstsein, dass wir irgendwie unsere eigenen

Gefühle anzapfen oder manipulieren müssen, um etwas darzustellen, das auch auf andere Menschen wirkt. Das bedeutet natürlich nicht, will ich hoffen, dass wir mit Mrs Wiggins weinen sollten, wenn wir beschließen, dass ihr geliebter Blindenhund an einer Ratte ersticken muss. Doch wir behalten und prüfen und beurteilen unsere Gefühle, während wir unsere Welten bauen und bevölkern. Der ganze Prozess mag den Eindruck erwecken, er könne unser Innerstes bloßstellen. Aber das ist überhaupt nicht nötig. Wir haben es hier mit fiktionalem Schreiben zu tun – wenn der Autor nicht so postmodern ist, dass er weder mit Kleidung noch mit Krediten etwas anfangen kann, hat er (oder sie) selbst darin nichts zu suchen. Selbst wenn wir subtile Mischungen aus Autobiographie und Imagination mitzählen, wird wirkungsvolles Schreiben von uns immer komplexe linguistische Bearbeitung verlangen, die – so hoffen wir – eine Illusion des entblößten Innersten liefern, oder welche Illusionen wir eben für angemessen halten. In *Wirklichkeit* machen wir keinerlei Erfahrungen mit den Lesern zusammen – wir sind nicht da.

Es wäre auch eine ziemlich Ablenkung von unseren vielen Aufgaben, wenn wir auch noch bei jeder Gelegenheit mit unseren Figuren leiden oder jubilieren müssten. Leser – darunter auch Kritiker und Journalisten – nehmen manchmal an, dass Autoren und Autorinnen genauso geschwitzt und geblutet haben wie ihre Protagonisten. Das ist in gewisser Weise befriedigend – bedeutet es doch, dass der Text bis zu einem gewissen Grad ins Ziel getroffen hat. Doch Schriftsteller schwitzen und bluten eher so wie Menschen, die immer und immer wieder etwas schrecklich Schwieriges zu vollbringen versuchen, bis sie es richtig hingekriegt haben. Das öffentlich zu sagen, klingt seltsam herzlos, aber es ist die Wahrheit.

Natürlich haben mir Figuren auch schon am Herzen gelegen, ich habe mich um sie gesorgt, doch diese Sorge bezieht sich in erster Linie darauf, sie so zu zeichnen, wie sie es verdient haben oder sie, bei kooperativen Arbeiten, vor eigenartiger Regie oder schlechter Schauspielerei zu schützen.

Ich habe keine Ahnung, wieso mein Mangel an Gefühlen es mir unmöglich machte, kreativ zu schreiben. Vielleicht fehlte mir das

Material, aus dem ich Persönlichkeiten und Psychen entwickeln konnte. Vielleicht glaubte ich, dass meine Arbeit bei mir nicht mehr in sicheren Händen war, weil mir die Qualität des Textes, das Wohlergehen meiner entstehenden Charaktere letztendlich womöglich komplett egal sein könnte. Vielleicht war ich auch nur sehr, sehr müde.

Peinlicherweise tauchten meine Emotionen zum ersten Mal wieder auf, als mir jemand eine widerlich rührende Geschichte von einem mitfühlenden Pferd und einem Kind erzählte (ich weiß, ich weiß …). Als ich wieder aufgehört hatte, hilflos zu schluchzen, hatte ich das vage Gefühl eines vagen Gefühls. Meine Lage ist noch nicht ganz wieder so, wie ich hoffen würde. Es war allerdings keine große Überraschung – konnte es ja auch gar nicht sein, oder? –, dass meine erste Kurzgeschichte seit langer Zeit sich langsam ans Licht schob, gerade als in meinem Inneren wieder ein oder zwei Lichter angingen. Und welches Gefühl stellte sich dabei ein? Dankbarkeit. Vorwärts.

26

Frohes neues Jahr Ihnen allen. Das alte Jahr ist endlich vorbei, und ich darf in aller Ruhe und mit dem nötigen Ernst darüber nachdenken, dass es mich nicht umgebracht hat. Ansonsten kann ich kein gutes Wort darüber verlieren. Es fing damit an, dass ich krank war, ging damit weiter, dass ich kränker wurde, dann ging es mir nicht gut, worauf es mir noch schlechter ging, mit einem kleinen Zwischenspiel echter Gebrechlichkeit. Erst im Dezember wurde mein Knochenmark wieder ein wenig munterer, während mein Magengeschwür heilte und der *Helicobacter pylori* seine Niederlage eingestand. Endlich brachte ich die Energie auf, mir einen großen Topf Curry zu kochen, und war auch in der Lage, es zu essen. Obwohl mir ein Freund geraten hatte, es mit dem Curry »vielleicht erst mal vorsichtig angehen zu lassen«, machte ich achtzehn gewürzfreie Monate wieder wett, indem ich fast eine Woche lang nichts als Curry aß. *So bin ich eben.*

Natürlich hätten meine gesundheitlichen Probleme noch schlimmer und noch dauerhafter sein können. Und wenn irgendwer von Ihnen mit chronischen oder schweren Krankheiten zu kämpfen hat, haben Sie mein vollstes Mitgefühl. Mir ist allerdings klar, dass Mitgefühl ein billiges, kaum hilfreiches und oft eher nerviges Angebot ist. Mir ist klar, dass unser Gesundheitssystem, der NHS, immer weniger in der Lage ist, Kranken wirklich zu helfen, und dass Sie womöglich außer Mitgefühl nicht viel zu erwarten haben. Und außerdem ist mir klar, dass meine eigene Situation nicht gerade verbessert wurde durch – wie schon erwähnt – meinen Charakter, *denn so bin ich eben.* Als anständig schuldbewusste Schottin akzeptiere ich bereitwillig die volle Verantwortung für die Fehler des Versailler Vertrages, den Brand der Bibliothek von Alexandria und die Anzüge von Ed Miliband – na gut, vielleicht nicht für die

Anzüge –, da kann es kaum überraschen, dass ich mir ganz allein die Schuld für meine mangelnde Gesundheit gebe. Das stimmt so nicht. Aber meine Natur hat sicher eine Rolle gespielt.

Irgendwann im Jahr 1986 traf ich die Entscheidung, Schriftstellerin zu werden, und zwar ganz und gar. Anstatt mal einen Wurf zu wagen oder es nur zu versuchen oder mich auf Zehenspitzen hineinzuschleichen beschloss ich, so gut zu schreiben wie ich nur konnte. Das war in gewisser Weise eine extreme Entscheidung und eine offene Einladung an die Gefahr, denn wenn ich wirklich alles, was ich hatte, in mein Schreiben steckte, und das dann aber nirgendwohin führte, dann wäre ich auf jeden Fall *nicht gut darin*. Ich hatte noch gar nicht herausgefunden, dass halbherziges Schreiben (oder halbherzige Kunst, überhaupt alles, was den Einsatz lohnt) keine sichere Option wäre, sondern die Garantie des Scheiterns. Die Freude und Angst und Arbeit, die zum Schreiben gehören, müssen echt und vollkommen sein, damit sie etwas bedeuten und bewirken. Ich wusste das nicht, ich kam mir bloß inmitten der Rezession der Thatcher-Jahre nutzlos vor und hatte keinen richtigen Job. Also schrieb ich. Ich schrieb richtig. Und ich hatte Glück. Ich wurde veröffentlicht – und fand daher eine Lebensweise, eine Berufung, eine Liebe, die ich nie erwartet hätte. Derselbe Antrieb, der mich beim Curry leichtsinnig macht, verleiht mir auch die Kraft, mich ganz und gar meiner Kunst, meinem Handwerk zu verschreiben, und mein Handwerk hat sich mir verschrieben.

Das heißt aber auch, dass ich – wohl oder übel – keinen Satz in Ruhe lassen kann. Ich muss an Worten und Silben herumhämmern, bis sie mich zumindest nicht mehr beleidigen. Dieser Antrieb ist es, der mich mein Bestes geben lässt. Mein Bestes ist vielleicht nicht toll und bestimmt nicht nach jedermanns Geschmack, aber es ist immerhin mein Bestes, und wieso sollte ich so viel von meiner Zeit für etwas anderes aufwenden? Die Künstler, die ich wirklich bewundere und die mich inspirieren, nutzen alle die positiven Aspekte ihres Perfektionismus, um weiter zu lernen, zu wachsen und gute Arbeit abzuliefern. Ich kenne einen Pianisten, der sich hemmungs- und endlos über einen einzigen Augenblick eines zweistündigen Konzertes ereifern kann. Er ist noch ziemlich jung, kann aber schon auf eine Art hören, wie ich es nicht kann. Er hat sich selbst zu jemand anderem gemacht, zu mehr als er vorher war. *Denn so ist er eben.*

Ich kenne einen Maler, der jahrzehntelang außergewöhnliche Werke geschaffen hat und immer noch auf jedes einzelne Haar achtet: Er hat einen Hunger nach Licht, nach Farbe, nach dem Einfluss neuer Arbeiten, nach Fotografie, nach der sichtbaren Welt und ihren Andeutungen des Unsichtbaren. Er hat sich zu einem Meister seines Handwerks gemacht und lernt immer noch, sieht die Welt immer noch mehr als ich. *Denn so ist er eben.*

Ich kenne einen Schauspieler, der mich immer wieder, jedes Mal berührt, und der – wie ich mit Freuden sagen kann – einmal eingewilligt hat, etwas zu spielen, was ich geschrieben hatte. Er fügte ein *Ähm* ein, wo vorher kein *Ähm* gewesen war, und solche Sachen bemerke und beklage ich normalerweise stumm. Aber dies war ein gutes *Ähm*. Weil er – unter anderem – etwas von Timing und Musik versteht, war seine Ähm-Entscheidung perfekt, war unvermeidlich, war wunderbar. Er kann ein Konzentrationsniveau erzeugen, das mir unerreichbar bleibt. *Denn so ist er eben.* Kurz gesagt, all diese Menschen haben ihren Antrieb auf positive Weise umgesetzt.

Und das ist zwar toll für die Kunst, kann aber schwer mit anderen Belangen ins Gleichgewicht zu bringen sein. Ich kann mich an einer einzigen Silbe aufhängen, aber die ersten Symptome einer Erkrankung vollkommen übersehen. Ich kann vergessen, nach den Laborergebnissen zu fragen, wenn ein Arzt mich untersucht hat, oder nach den Nebenwirkungen von Medikamenten zu schauen. Ich bin sehr schlecht in Selbsterhaltung, wenn ich mehr reise und arbeite, als vernünftig ist, Mahlzeiten auslasse, Schlaf auslasse, und überhaupt alles Mögliche ignoriere, was weniger interessant ist als das Schreiben. In diesen Einträgen verteile ich Ratschläge darüber, dass man sich als Schriftsteller anständig pflegen soll, dass man seine Inspiration füttern, sich Zeit zum Genießen nehmen soll. Ich sehe, dass junge Schriftsteller Ermutigung und Freundlichkeit brauchen, aber auch Disziplin und innerliche Wut. Und doch bin ich oft unhöflich, wenn nicht bedrohlich, und zugleich bin ich weiterhin ein furchtbarer Arbeitgeber meiner selbst. *Denn ich bin eben so.*

Doch das ist gar nicht schlecht. Ich lerne zwar sehr langsam und verändere mich noch langsamer, doch etwas Wunderschönes spricht für mich – ich schreibe, ich bin kreativ. Das bedeutet, wenn alles dunkel ist, dann ist es nicht dunkel. Kann es nicht sein. Das Leben, das ich gewählt habe, erlaubt mir, jeden schlechten Bestandteil zu ergreifen – manchmal schneller, manchmal weniger schnell – und zu verwenden, auf irgendeiner Ebene zu verändern. Ich bin ganz und gar nicht der Ansicht, dass eifrige Tipper sich in Trauerkleidung hüllen und Unheil verkünden sollten – das ist eine Form der Selbstverstümmelung und Energieverschwendung. Das Leben hält auch ohne unsere Nachhilfe unvermeidlich trostlose Momente bereit. Da ist es doch tröstlich zu wissen: Wenn wir das hier überleben, bekommen wir vielleicht ein Sonett über Scheidung heraus, oder eine Figur mit Zahnschmerzen, oder einen Roman, der richtig lyrisch von Trauer erzählt, oder einen Witz über Dickdarmentzündung. Womöglich gibt es Zeiten, da wir der Realität bloß die Zunge herausstrecken, und andere Zeiten, da wir uns dem Menschsein so verbunden fühlen wie nie zuvor, und vielleicht auch beides zugleich. Vielleicht wird uns sogar das unerwartete Vergnügen zuteil, anderen Menschen nützlich zu sein, die Kraft aus unseren Schöpfungen ziehen können. Doch vor allem ist der reine Akt des Schreibens – die Wahrheit, dass es immer noch für einen da ist, und man selbst für das Schreiben – ein Wunder. Und es muss gar nichts mit den Einzelheiten Ihres Lebens zu tun haben. Darin können Sie weit weg sein von allem und neue Träume laut aussprechen, einfach nur, weil Sie es können, weil Menschen für andere Menschen singen und unnütze Schönheit erschaffen. Vorwärts.

Charakter stärken

Man kann von Lesern anständigerweise kaum erwarten, geistige Anstrengung und Interesse für ein fiktionales Werk aufzubringen, wenn es von Figuren bevölkert ist, die unglaubwürdiger und schlicht uninteressanter wirken als die echten Menschen, mit denen ebendiese Leser interagieren könnten, wenn sie sich nicht durch dieses oder jenes furchtbare Buch quälen müssten. Eine vollständige ausgearbeitete Figur wirkt hoffentlich überzeugend, anziehend, eigenwillig, natürlich – kurz gesagt: *real*. Es gibt natürlich auch literarische Schulen, für die runde, glaubhafte Charaktere ein bloßes Zugeständnis an Leserwünsche sind.

Sind sie.

Sollten sie auch sein.

Als Schriftsteller drängen wir uns in die Intimsphäre unserer Leser. Wir pflanzen unsere Worte in ihre Köpfe. Egal, was die Leser sonst mit sich angefangen hätten – Tagträume, Pläne, frohe Erinnerungen, erotische Phantasien, der ganze Spaß, den man im eigenen Kopf haben kann – wir wollen, dass sie das links liegen lassen und stattdessen uns lesen, unsere Stimmen, unsere Geschichten hören, unsere Menschen kennenlernen. Es ist außerdem nicht unwahrscheinlich, dass der Leser für unser Werk auch noch bezahlt oder sich zumindest die Mühe gemacht hat, es aus einem Buchladen zu stehlen, eine Bibliothek aufzutreiben, die noch Bücher enthält, oder unser Buch irgendwo aufzuheben, wo es sonst liegen geblieben wäre, vielleicht unter einer von Vandalen zerstörten Parkbank oder hinter der Lehne von irgendwas mit einer Lehne. Die Leser verdienen all unsere Aufmerksamkeit und Bemühung; ohne sie würden wir bloß außerordentlich blumigen Formen der Selbstverliebtheit frönen. Wir brauchen die Leser. Die Leser müssen überzeugt werden. Also sollten wir versuchen, ihnen überzeugende Illusionen zu bieten.

Da wir selbst Leser sind, wissen wir diese Illusionen als etwas Wunderbares zu schätzen: Gelegenheit, das Unmögliche zu tun, durch die Augen eines anderen Menschen zu sehen, die Welt eines anderen Menschen zu erleben. Vielleicht scheint uns gerade wegen dieses Mirakels die Erschaffung von Figuren so geheimnisvoll, wenn nicht gar ein wenig wundersam, selbst jenen, die selbst schon mit dem Schreiben begonnen haben. Egal, welche funktionierende Erzählung man betrachtet, die Identität und Psychologie einer Figur beeinflussen fast unweigerlich den Ton, die Stimme, die Bildsprache, das gesamte Gewebe des Textes, und das zeigt, wie viel auf dem Spiel steht: Die Beherrschung der Charakterzeichnung ist essentiell für wirkungsvolles Schreiben. Dennoch kann einen die Schwierigkeit der Aufgabe überwältigen, wenn man sich einer Figur nähern, sie erforschen und dann formen will. Das muss nicht so sein, doch eine Reihe falscher Annahmen und Missverständnisse können uns im Weg stehen.

Zum Beispiel könnte man uns persönliche Erfahrung als hilfreiche Quelle authentischer Darstellung empfehlen, womöglich wegen des »Ratschlags«, der neuen Autoren und Autorinnen ermüdend häufig aufgedrückt wird: »Schreiben Sie über das, was Sie kennen.« Den meisten Menschen ist die ungekürzte Version dieser Empfehlung immer noch unbekannt: »Schreiben Sie über das, was Sie kennen. Ich bin ein Trottel und habe noch nie etwas von Recherche, von ihren Hürden und Freuden und Glücksfällen gehört. Mir fehlt es an Vorstellungskraft, daher kann ich mir nicht vorstellen, dass Sie womöglich darüber verfügen. Nehmen Sie sich keine Freiheiten, testen Sie nicht die Grenzen Ihres möglichen Talents, überschreiten um des lieben Friedens willen bloß nicht die Beschränkungen Ihres Alltagslebens und seiner flüchtigsten Details. Gehen Sie nicht überallhin, wo Sie wollen, ob das nun die Oberfläche Ihres Küchentisches oder die des Mondes ist. Bitte gestatten Sie mir – weil ich darauf bestehe – Ihnen vorzuschreiben, was Sie denken sollen.«

Ein besserer Rat – wenn es denn unbedingt sein muss – könnte so lauten: »Schreiben Sie über das, was Sie interessiert. Schreiben Sie über das, was Sie begeistert. Über das, was zu Ihnen spricht.

Wovon Sie besessen sind. Worüber Sie schreiben müssen. Was Sie empört. Was Sie beunruhigt, Ihnen keine Ruhe lässt. Schreiben Sie über das, was Sie lieben. Was Sie glauben, einmal lieben zu werden. Über das, was Sie kennenlernen können.« Alles Vorschläge, die nützlich sein können, wenn wir an den Figuren zu arbeiten beginnen.

Einige wenige Leser – und ein Teil der Rezensenten und Literaturwissenschaftler – glauben, die Realität einer Figur entstamme einer Art Diebstahl. Sie haben das Gefühl, ein Schriftsteller müsse die Attribute von Verwandten, Freunden, Geliebten und so weiter stehlen und sie dann als eigene Erfindungen zur Schau stellen, oder gar als Kommentare über Verwandte, Freunde, Geliebte und so weiter. Natürlich gibt es so etwas wie Schlüsselromane, die ein guter Grund sind, niemals einen Autor zu heiraten. Andererseits: dass sie eine eigene Bezeichnung haben, im Englischen sogar eine französische – *roman à clef* – deutet darauf hin, dass sie irgendwie ungewöhnlich sind, und dass es auch eine Methode zum Bau fiktionaler Charaktere gibt, die nicht auf eine Art Leichenfledderei zurückgreift, gefolgt von mehr oder weniger hässlichem Schnippeln und Vernähen à la Victor Frankenstein. Als Schriftsteller müssen wir persönliche Entscheidungen treffen, wie sicher die Geheimnisse unserer Nächsten bei uns sind, wie privat die Privatsphäre anderer bleiben wird, ob wir unsere Verwandten, Freunde, Geliebten und so weiter behalten wollen und sie daher nicht als Fundgrube missbrauchen.

Wir könnten uns außerdem überlegen, wie gnadenlos wir das Material unseres eigenen Lebens ausbeuten wollen. Ich würde dazu raten, diese Entscheidung so zu treffen, dass wir – verzeihen Sie meine offenen Worte – nicht irgendwann zu seelenlosen und raubgierigen Hüllen werden, die aus allem und jedem schmutzige Details und Ereignisse heraussaugen, die den Kern unserer Persönlichkeit und Erfahrung in bloßen *Stoff* verwandeln. Der Grat zwischen Aufmerksamkeit, Anregung, Inspiration durch die Realität einerseits und der schlichten *Cut-and-paste*-Verwendung derselben ist schmal. Natürlich kann man sich manchmal darüber streiten, ob der eine oder die andere von uns sich jeweils auf der richtigen Seite dieser Trennlinie befindet. Es wird sicherlich Tage geben, an denen man sich selbst dabei ertappt, wie man unangemessen hinstarrt, Dinge *bemerkt*. Und dann gibt es ja auch noch dokumentarisches Schreiben – aber darum geht es hier nicht.

Fiktional oder nicht, ich will doch hoffen, dass über dem *Autorsein* immer das *Menschsein* steht. Ich will sogar hoffen, dass Schreiben eine Berufung ist, die unser Menschsein noch verstärkt – unsere Sensibilität, unsere Fähigkeit, das Menschliche in dieser Welt zu erforschen und zu feiern. Ich habe in diesem Bereich ethisch begründete Entscheidungen getroffen, die für mich und die Menschen in meiner Umgebung vertretbar und angenehm sind, wie ich hoffe. Doch ich muss auch sagen: dass ich schöpferisch arbeite und nicht Fakten recycle und/oder verzerre, war in erster Linie eine instinktive und praktische Wahl, denn *es ist sowohl leichter als auch lustiger, sich Sachen auszudenken.*

Endlos im lauwarmen Wasser seines eigenen Ichs herumzuplantschen ist nicht unbedingt so anregend wie der Versuch, sich aus dem Fenster zu lehnen, jemand anderes zu sein, ein Charakter, der noch nie existiert hat, der einen beinahe beschwört, erschaffen zu werden (dieses Hinauslehnen gewährt dem Autor auch die Vorzüge einer, wie ich es nennen möchte, meditativen Abwesenheit des Selbst, sollte er oder sie das wünschen). Und selbst der leidenschaftlichste Narziss sollte sich vielleicht einmal fragen, ob der unverfälschte Genuss seiner Innenansichten wirklich alles ist, was anspruchsvolle Leser sich von einem erzählenden Text wünschen. Und wenn man sich selbst als Thema fallen lässt und stattdessen Reste anderer Menschen einsammelt, begibt man sich in andere Gefahren. Existierende Personen sind bereits durch sehr spezifische emotionale und intellektuelle Assoziationen verunreinigt. Entweder locken sie den Schriftsteller in ein Szenario, das diese realen Menschen brauchen würden, oder sie fordern eine riesige Menge von Veränderungen, ehe man sich überhaupt an die Aufgabe machen kann, eine komplette, kohärente, organische Erzählung zusammenzubauen – man versucht, sie zurechtzustutzen und an ihnen herumzufeilen, damit sie in eine Handlung passen, die eigentlich ein ganz eigenes Alphabet aus Verknüpfungen, Bildern,

Ereignissen entwickeln sollte, ein eigenes Leben. Ich wiederhole: *Es ist sowohl leichter als auch lustiger, sich Sachen auszudenken.*

Sich Sachen auszudenken gibt uns auch Gelegenheit, unsere Liebe zur Phantasie auszuleben, eine machtvoll strömende Energie nutzen, die wir womöglich seit unserer Kindheit nicht mehr angezapft haben. Dieser Schöpfungsakt bedient sich unserer Sehnsucht, mehr zu haben, als wir eigentlich können, unsere Freude am Spielen und an Rollen.

Aber wie stellen wir unsere Träume anderen zur Verfügung, wie artikulieren wir sie, wie schaffen wir Illusionen, die real zu sein scheinen? Bei der Antwort darauf werde ich meinen eigenen Schreibprozess betrachten (was für andere möglicherweise nutzlos ist), aber zugleich die ihm zugrundeliegenden Prinzipien aufzuzeigen versuchen.

Erstens halte ich es für notwendig zu erforschen, wie man zu realen Menschen in Beziehung tritt – das tun Sie seit frühester Kindheit, nehme ich an, das ist Ihnen vertraut, da sind Sie auf relativ sicherem Terrain. Wie erinnern Sie sich an Menschen? Worauf reagieren Sie am stärksten? Bleiben Ihnen Gesichter im Gedächtnis, Stimmen, Haltungen, Gerüche, Eigenheiten der Sprache? Um mir eine Vorstellung Ihrer ausgedachten Figur zu vermitteln, können Sie bereits vorhandene Fähigkeiten und Spezialgebiete nutzen. Ich zum Beispiel erinnere mich an Menschen nach dem Geruch. Darum muss ich mir unbedingt klarmachen, wie eine Figur riecht oder riechen kann. Für mich ist das ein sehr wirksames Einfallstor in ihre Erfahrungswelt, selbst wenn ich den Geruch letztlich gar nicht verwende. Vielleicht wäre es also nützlich für Sie, darüber nachzudenken, wie Sie Leute erfassen, mit welchem Sinn mehr und mit welchem weniger, und wie man sie alle ins Spiel bringen kann.

Zweitens: Was haben Sie schon? Wahrscheinlich sind Sie nicht einfach heute Morgen aufgewacht und haben sich gesagt: »Ich brauche eine Figur.« Sie hatten bestimmt eher die Ahnung einer Figur, die irgendetwas tat, ein Handlungsfragment, zu dem ein Charakter gehörte, eine Dialogzeile, die jemand sprach, den Eindruck eines Gesichts, einer Tätigkeit … die Möglichkeiten sind ziemlich endlos. Und selbst wenn Sie *tatsächlich* gerade beschlossen haben, jemanden von Grund auf zu erfinden, ist der investigative Prozess, den Sie dabei durchlaufen, der gleiche. Es ist gar nicht kompliziert. Sie stellen einfach Fragen. Sie können sogar immer nur eine Frage wiederholen, wenn Ihnen nichts anderes einfällt: »Warum?« Der Kipppunkt kommt sehr schnell, und danach werden die Antworten neue Fragen wecken, die wiederum Antworten liefern. Jede Frage kann weitere Informationen bringen, womöglich auch negative. Wenn noch nichts festgelegt ist, müssen Sie zumindest eine Entscheidung treffen, um in Gang zu kommen – zum Beispiel: »Ist es ein Erwachsener oder ein Kind?« »Ist es ein Mann oder eine Frau?« »Hat er rote Haare?« Sie werden bemerkt haben, dass der Charakter jetzt männlich ist – jedenfalls nach meiner Aussage – allerdings wissen wir noch nicht, ob er jung oder alt ist, ein postoperativer Transsexueller oder vielleicht ein Mann, der im Körper einer Dame mittleren Alters steckt. Und wenn wir auf eine schlichte Antwort wie »Ja, er hat rote Haare« die Frage »Warum?« stellen, können wir die Informationen zu verständlicheren Gebilden binden und nicht bloß eine Liste anlegen.

»Warum?«

»Weil sein Vater auch rote Haare hat.«

»Warum?«

»Das weiß er nicht.«

»Er sieht also seinem Vater ähnlich?«

»Ja.«

»Sieht er ihm schon lange ähnlich oder noch nicht so lange?«

»Schon lange – er ist sechsundvierzig.«

»Gefällt ihm das?«

»Nein.«

»Gefällt es ihm, dass er seinem Vater ähnlich sieht?«

»Nein.«

»Sieht er auch seiner Mutter ähnlich?«

»Seine Mutter ist tot.«

»Hat ihn das traurig gemacht?«

»Nein, froh.«

Das sind keine komplizierten Fragen, es hat nicht lange gedauert, sie zu beantworten, und sie legen schon bestimmte Optionen nahe, die mehr oder weniger wahrscheinlich sind, bieten Wege an, die sich verfolgen lassen. Wüssten wir beispielsweise schon, dass der betreffende Herr unser Protagonist wäre und gleich in einen gewaltsamen Zwischenfall mit einer Gruppe von Jugendlichen verwickelt würde, könnten wir das hinzufügen. Eine halbe Stunde Fragen zu stellen ist selten verschwendete Zeit, oft erfreulich, manchmal frustrierend. Wenn Sie gründlich feststecken, sollten Sie es natürlich lassen und später wieder versuchen und/oder einige der anderen Herangehensweisen ausprobieren, die ich vorschlagen werde. Doch selbst wenn Sie festsitzen, werden Sie den Eindruck haben, dass Sie einen schwierigen Menschen mit Fragen bombardieren und Ihr Gegenüber sich wenig kooperativ zeigt – auch das ist schon ein Fortschritt. Sie stellen sich den Charakter als Person vor, die gefunden werden muss, nicht als Verlängerung ihres eigenen Denkens. Es ist hilfreich, so zu denken. Man muss ihnen ja nicht gleich Kleidung kaufen oder den Tisch für sie mit decken.

Das Fragespiel kann, wenn Ihnen das lieber ist, auch mit zwei weiteren Menschen gespielt werden. Wenn die auch Schriftsteller sind, können sie sogar in vollem Umfang mitwirken – und das bedeutet, Person A kann von den Personen B und C befragt werden, Person B von den Personen A und C, und C schließlich von A und B. Sehr wichtig ist, dass der oder die Befragte immer *ich* antwortet und nicht etwa *er* oder *sie*. Das ist ein einfaches, aber sehr wirkungsvolles Mittel, die Figur näher an den Sprecher heranzuführen. Dieses Spiel kennt zahlreiche Variationen – man kann die Positionen des Fragenden und Befragten vertauschen; man kann stillsitzen oder sich dabei bewegen … Wenn zwei Menschen Fragen stellen, stellt sich meist ein gleichmäßiges Tempo ein, und die befragte Person wird feststellen, dass Entscheidungen leichtfallen, weil sie sich einfach richtig anfühlen. Man schlüpft in den Charakter. Und achten Sie genau auf die Worte und Ausdrücke, die bei den Antworten verwendet werden – darum ist es auch so sinnvoll, es laut auszusprechen – denn Sie werden feststellen, dass sie fast automatisch von der Stimme der Figur gefärbt werden. Wenn nur eine Person fragt, kann der Antwortdruck zu groß werden, es kann zu unbehaglichen Pausen kommen. Drei oder mehr Fragesteller treiben den Verhörten womöglich in die Enge. Wären wir Schauspieler, hieße dieses Spiel »Der heiße Stuhl«.

Es überrascht nicht, dass wir von Schauspielern und ihren Übungen lernen können. Schauspieler müssen in mehr oder weniger gut geschriebene Konstrukte schlüpfen, sie auf die Bühne tragen und zum Laufen und Sprechen bringen, und das unter den Augen der Öffentlichkeit. Schauspieler tun das, was wir in aller Ruhe und mit der Möglichkeit des Umschreibens machen, aber in Echtzeit und vor Publikum. Halten Sie also die Augen offen nach Büchern von Schauspielern über ihr Handwerk, nach Interviews mit Schauspielern, nach Büchern über Rollenspiele oder Büchern von Stimmexperten wie Cicely Berry, jahrzehntelang Stimmbildnerin der Royal Shakespeare Company, die sich mit der Umformung von Sprache in physische Präsenz beschäftigen. Ich werde Ihnen keine bestimmten Titel nennen, denn dieses weite Feld können Sie selbst mit Vergnügen erforschen.

Drittens. Zurück zu Ihnen. Nehmen Sie sich etwas Zeit und überlegen Sie, was Sie über Menschen denken. Vertrauen Sie ihnen? Sind sie alle eigennützig? Sind sie verloren in einer großen Wüstenei? Wie sehen Sie die Welt? Sind einfache Arbeiter dumm? Sind Mitglieder der Oberschicht dumm? Sind alle Frauen manipulativ? Teilt Ihre Figur Ihre Ansichten? Sie werden wahrscheinlich keine Geschichte schreiben, deren Handlungsfaden Sie nicht glauben können oder bei dem Ihnen unwohl ist. Sie werden es wahrscheinlich gar nicht erst versuchen, es sei denn, man zwingt Sie mit vorgehaltener Waffe oder zahlt Ihnen eine ungeheuer überzeugende Summe Geld. Ich glaube nicht, dass alle Menschen nur nach Eigennutz trachten oder dass Frauen besonders hinterhältig sind. Würde ich mit Verstümmelung und Tod bedroht, könnte ich meine Meinung vorübergehend ändern, aber meine Literatur wird im Allgemeinen meine Weltsicht widerspiegeln. Doch wenn meine Figur andere Ansichten hat, selbst wenn es abstoßende Ansichten sind, muss ich ihm oder ihr erlauben, sich treu zu sein, wahrhaftig zu sein. Die Figur kann sogar meinem Geschlecht widersprechen – womöglich kommt ein männlicher Charakter zu mir und ist mit einer Handlung verknüpft, die sich am besten in der ersten Person erzählen lässt. Dann muss ich also »Ich« schreiben und damit einen Mann meinen. Vielleicht muss ich sogar ein Mann sein, der alle Menschen für selbstsüchtig hält und Frauen hasst und ihnen misstraut – so sei es. Wahrscheinlich sollte ich dankbar sein, denn er ist schon so deutlich definiert, dass er an meinen Grenzen rüttelt – er ist keine Bedrohung, sondern eine Herausforderung.

Viertens. Vielleicht gefällt Ihnen die Figur nicht, die entsteht, aber vernachlässigen Sie ihn oder sie deshalb bitte nicht. Am besten wäre es wohl, wenn Sie ihre Figur lieben – das heißt, Sie gestatten ihr zu sein, wie sie ist. Vergessen Sie nicht, die Figur gehört Ihnen nicht. Sie kommt einfach zu Ihnen, damit Sie ihr Ausdruck verleihen. Wenn Sie sich zu stark widersetzen, wird die Figur woanders hingehen. Auch das ist natürlich zum Teil Quatsch, aber es kann hilfreich sein, so zu denken. Lassen Sie sich von Ihren Charakteren empören, überraschen, verwirren, wenn es sein muss – das sind alles Anzeichen für ein eigenständiges, unabhängiges Leben. Und wenn sie (und Sie) die Leser überzeugen sollen, dann brauchen sie genau das.

Fünftens. Zurück zu den Spielen und Fragen. Wir sind es gewohnt, andere Menschen und uns selbst zu kennen. Wenn uns jemand fragt: »Wie alt bist du?«, dann können wir »einundzwanzig« antworten und nicht »um die zwanzig«. Versuchen Sie, nach Details zu bohren. Doch auch, wenn Ihre Figur beharrlich vage bleibt, ist das ein interessanter Hinweis. »Um die zwanzig« muss nicht heißen, dass Sie noch nicht genau genug hingeschaut haben, sondern dass Ihre Figur aus irgendeinem Grund empfindlich oder heikel mit dem Alter ist. Dennoch, Einzelheiten zu kennen bedeutet im echten Leben meist, dass Sie sich selbst oder einen anderen Menschen kennen. Suchen Sie also nach Details. Wenn Sie danach fragen, tauchen sie auch meist auf.

»Wieso hat Paul diese Narbe auf der Stirn?«

»Davon spricht er nie.«

»Er wurde von einer Schildkröte gebissen – er träumt immer noch von Schildkröten.«

»Er spricht nie darüber, aber als seine Autorin weiß ich, dass er von einer Schildkröte gebissen wurde und er sie daher für immer verfolgen und bestrafen wird.«

Es gibt jede Menge Möglichkeiten. Achten Sie auf Unschärfen, Ausweichmanöver, Situationen, in denen Sie sich nicht verhalten wie jemand, der einen guten Bekannten beschreibt, oder jemand, über den Sie besondere Kenntnisse haben, oder womöglich sich selbst. Denken Sie immer daran: Als Schriftsteller haben Sie die ultimativen Zutrittsrechte – *Access All Areas* –, das ist ein großer Spaß, aber auch eine große Verantwortung, denn Sie errichten ja das gesamte Gebäude selbst. Wenn es Leerstellen gibt, füllen Sie die. Sie können auch viele lohnende Stunden mit der Frage verbringen, was denn Ihre Handlungselemente sind, was Ihr Schauplatz – und wie stehen diese im Verhältnis zu Ihrer Figur? Wie wirkt Ihre Figur wiederum auf Ort und Handlung ein? Und natürlich kann es auch andere Charaktere geben. Wie passen sie ins Bild? Wie sind ihre Beziehungen untereinander? Wessen Psychologie wird Ihre Bildsprache, Ihre Symbolik beeinflussen, die Art, wie Sie das sagen, was Sie sagen müssen?

Vielleicht wollen Sie Ihre Figur als unsichtbaren Passagier mit auf Reisen nehmen, oder als Begleiter zu tatsächlichen Ereignissen. Sie könnten sich in seine oder ihre Welt begeben, indem Sie sich ganz real an Orte begeben, die dem Charakter gefallen würden, die er gut kennt oder die ihn interessieren könnten. Oder Sie könnten auch nur herausfinden, dass es diese Orte gibt, und dann allmählich so viele Fragen stellen, dass Sie irgendwann wissen, wie er sich dort verhalten würde, so als wären Sie gemeinsam dort gewesen. Sie können vielleicht doch den einen Platz mehr am Tisch decken, wenn es Ihnen notwendig erscheint. Vergessen Sie nicht, es soll Spaß machen. Es ist nicht unwahrscheinlich, dass Sie auf andere Menschen ein wenig besessen wirken, wenn nicht gelegentlich gar gestört – genießen sollten Sie es dennoch.

Sechstens. Denken Sie daran, dass Sie einen anderen Menschen erfinden, Stück für Stück. Ihre Figur ist nicht alle Menschen ihres Schlages, keine Masse, keine Generalisierung, sondern nur sie selbst. Sie wird konsistent in ihren eigenen Gefühlen und Gedanken, Handlungen und Erfahrungen sein. Setzen Sie sich nicht gedanklich unter Druck: »Oh Gott, ich war nie ein russischer U-Boot-Matrose in den 1970ern – ich werde alles falsch machen.«

Sie erschaffen nur EINEN russischen U-Boot-Matrosen. Vielleicht auch mehrere, aber immer nur einen auf einmal. Er muss nur als *er selbst* sinnvoll sein. Finden Sie Einzelheiten heraus, stellen Sie Fragen, finden Sie weitere Einzelheiten, recherchieren Sie, halten Sie unter Wasser die Luft an, essen Sie Borschtsch, lernen Sie »Korobuschka« zu singen; alles, was nötig ist. Dann werden Sie in der glücklichen Lage sein, die überflüssigen Rechercheergebnisse *vergessen* zu können und das, was Sie tatsächlich sagen, von den Bedürfnissen Ihrer Figur und den Ereignissen der Handlung beschränken zu lassen. Doch Sie werden wissen, dass Sie nicht fehlgehen. Sie werden schreiben wie jemand, der weiß, wovon er schreibt – dieses Selbstvertrauen wird Ihre Schöpfung durchdringen und die Leser entspannen und überzeugen.

Siebtens. Lernen Sie mehr über Menschen. Damit meine ich nicht, dass Sie jeden Menschen, dem Sie begegnen, löchern und aushöhlen sollen wie eine Wassermelone, wenn sich die Gelegenheit ergibt. Ich meine damit, Menschen zuzuhören, sie anzuschauen, in Anthropologie-, Soziologie- oder – Gott bewahre – Psychologiebüchern über sie zu lesen, wenn Sie wollen. Aber vor allem in der Welt zu leben. Sie werden feststellen: Wenn Sie dabei sind und mitmachen, werden Sie sich an alles erinnern, was Sie später inspirieren kann, ohne sich Notizen zu machen, denn es wird unvergesslich sein. Inspiration ist unvergesslich.

Achtens. Dies habe ich weit nach hinten geschoben, weil es Sie womöglich nervös macht, aber es ist beinahe der wichtigste Punkt. Sie müssen wissen, was Ihre Figur fühlt. Wir identifizieren uns mit anderen über ihre Gefühle. Wir wissen, dass Menschen wichtig sind, wenn ihre Gefühle in uns Gefühle wecken. Wann wissen wir, dass wir jemanden kennen? Wenn wir seine Gefühle kennen. Wann wird Ihr Charakter echt wirken? Wenn er echte, glaubhafte Gefühle zeigt. Doch um einer Figur Gefühle zu verleihen, müssen wir mit unseren eigenen Gefühlen Rücksprache halten. Wir können sie nur am einzigen Maßstab messen, den wir besitzen – an uns selbst. Damit exponieren wir uns – wir legen unser intimstes Innenleben bloß. Alle möglichen Schriftsteller, mich selbst eingeschlossen, werden alle möglichen Maßnahmen ergreifen und alle möglichen Ausreden dafür finden, dass ihre Figuren keine Gefühle haben. Das kommt daher, dass wir vorm Schreiben davonlaufen wollen. Wir versuchen, im Geschriebenen präsent zu sein, aber nicht so richtig. Wir dürfen nicht vergessen, dass die Leser nichts anderes tun müssen als uns zu lesen – sie sehen alles. Man konnte sich noch nie irgendwo verstecken, und man wird es auch nie können. Wenn wir versuchen, uns und unsere Figuren zu verbergen, werden die Leser es bemerken. Bemerken – das ist es, was Leser hauptsächlich tun. Wir müssen also aufrecht stehen und uns sehen lassen. Wenn wir nicht gesehen würden, wären wir gar nicht da – etwas anderes vorzuschützen oder dem Thema auszuweichen ist bloß Zeitverschwendung. Erlauben Sie Ihren Figuren zu fühlen. Es sind nicht Ihre Gefühle, dies ist kein intimeres Zugeständnis als alle anderen; dies ist nur die letzte Stufe in der Erkenntnis und Kenntnis Ihres Charakters, mit der Sie ihn zum Leben erwecken. Lassen Sie es geschehen. Ihre Figur ist vielleicht zweifelnd und verwirrt (bedenken Sie, dass Figuren gelegentlich Ihre Autoren widerspiegeln, sie sind schließlich eine Zeitlang unsere Kinder) – doch das heißt nicht, dass sie keine Gedanken oder Gefühle haben. Verwirrt zu sein bedeutet, dass man mehr als einen Gedanken oder ein Gefühl hat und zwischen ihnen hin und her schwankt – darum ist man verwirrt. Wenn Ihre Figur verwirrt ist, muss der Leser erfahren, zwischen welchen Polen sie schwankt. Dann weiß der Leser, dass die Figur verwirrt ist und nicht der Autor.

Laden Sie mich als Leser ein, lassen Sie mich herein, und dann werde ich den Menschen, die Sie gemacht haben, noch mehr hinzufügen, ich werde mich um sie sorgen, sie lieben. Ich werde sie ganz weit von Ihnen wegführen und Freude an ihnen haben, als ob es Sie niemals gegeben hätte. Wenn Sie Ihre Arbeit gut machen, werden Sie unsichtbar sein – und das ist das Gegenteil von exponiert.

Neuntens. Haben Sie keine Furcht.

Sie werden womöglich auf dem Weg zum fertigen Werk tatsächlich Angst bekommen. Das ist verständlich und normal. Wenn es nicht so ist, dann liegt Ihnen vielleicht nicht genug an Ihrer Arbeit und deren Qualität. Doch wenn Sie der Angst erlauben, bei Ihnen zu bleiben, dann wird sie Ihre Stimme dämpfen, wird Sie angespannt und gehemmt und steif werden lassen. Angst bringt Sie dazu sich zu verstecken. Sie hindert Sie am Schreiben. Wenn Sie untersuchen, wovor Sie Angst haben, und es auch herausfinden, kann Ihnen das neue Inspiration liefern, oder zumindest eine neue Aufgabe. »Ich kann nicht über Schildkröten schreiben – aber ich will – aber sie machen mir Angst.« Dann schreiben Sie doch vielleicht über jemanden, der Angst vor Schildkröten hat, oder warten Sie ein wenig, oder schreiben Sie vielleicht darüber, was Ihnen an Schildkröten Angst einjagt – oder finden Sie vielleicht heraus, wieso Sie Ihre Zeit damit verschwenden, sich zu unangenehmen Tätigkeiten zu zwingen und sich damit zum Scheitern zu verurteilen.

»Ich fürchte, diese Geschichte ist wertlos.«

Dann machen Sie sie besser.

»Ich fürchte, dieser Teil ist uninteressant.«

Dann machen Sie ihn interessant.

»Das hier ist Schrott.«

Dann schreiben Sie es um. Sie verstehen, worum es geht.

Wenn Sie sich selbst freundlich, aber bestimmt vorwärts führen können, dann werden Sie und wird Ihr Schreiben davon profitieren. Kurz gesagt beruht das Erschaffen einer Figur auf vielen einfachen und vertrauten Vorgängen: Fragen stellen, tagträumen, Menschen begegnen und sie kennenlernen, ein Mensch sein. Diese Dinge werden zusammengebracht, sodass sie in Beziehung treten und interagieren können, bis sie etwas hoffentlich Komplexes formen können, dass anscheinend zu echtem, unwiderstehlichem Leben fähig ist. Die Komplexität entsteht aus einfachen Elementen und aus dem Verständnis des Schriftstellers davon, wie sie zusammenwirken und sich gegenseitig verändern. Mit Glück und Fleiß wird das Ganze größer als die Summe seiner Teile, und aus sorgfältiger, besessener, penibler und gelegentlich frustrierender Arbeit entsteht etwas, das Ihren Lesern mühelos, unvermeidlich, sogar schön erscheint. Zumindest können wir danach streben und schauen, wie weit wir kommen.

Lebenszeichen

Dies ist eine Stimme. Meine Stimme. Und auch deine, lieber Leser, liebe Leserin. Zusammen sprechen wir in deinem Kopf, geistern in deinem Mund herum, feuern in deinen Gedanken: Bedeutungen, Anklänge, Erinnerungen, die Neuheit und Vertrautheit der Worte. Diese Klänge müssen jenseits der Intimsphäre des Denkens gar nicht existieren, womöglich könnte ich sie im richtigen Leben nie so klar und sauber äußern, dennoch singen sie hier. Du lässt sie singen.

Und dies ist eindeutig auch Schreiben: nicht ganz Literatur – ein Essay. Dies sind Zeichen auf Papier. Für mich sind es derzeit noch Zeichen auf einem Bildschirm: kleine dunkle Kringel, die in geraden Reihen durch den leeren Raum laufen, ein Code, den zu knacken wir vielleicht vereinbaren, den wir auf angenehm unterschiedliche Weisen verstehen können. Doch vor allem ist dies »Stimme«.

An dieser Stelle muss ich mich entspannen. Ich finde es nicht leicht, mich zu entspannen. Normalerweise befürchte ich, dass ich, wenn ich mich der Entspannung hingebe, irgendwie gefährlich werde. Im gegenwärtigen Zusammenhang ist diese Überzeugung nicht sehr hilfreich, darum ignoriere ich sie. Ich lege mich mit dem Gesicht nach unten hin und konzentriere mich. Wenn ich einatme, drückt mein Bauch sich – gemäß Anweisung – an die weiche Matte unter mir. Mein Oberkörper ist inzwischen an diesen Vorgang gewöhnt und mag ihn. Wenn ich ausatme, öffne ich – gemäß Anweisung – fast geräuschlos den Mund, als würde ich »Au« sagen. Meinem Mund gefällt das. Ich stelle mir mich selbst als Wesen vor, das auf Bauchhöhe lebt, den Atem einsaugt und ausstößt – mein Lebenszeichen.

Wir verwenden zwar oft Begriffe der gesprochenen Sprache, um das geschriebene Gegenstück zu beschreiben – *Ton, Rhythmus, Melodie, Musikalität* und so weiter –, doch wundere ich mich schon lange darüber, wie wenig Aufmerksamkeit der stimmlichen Realität im Leben von Schriftstellern geschenkt wird. Es gibt klare Zusammenhänge zwischen der Stimme einer Person auf einer Druckseite, der Stimme ihrer inneren Gespräche und Geschichten und der Stimme, mit der sie sich an die Welt richtet. Verbessert man die Beherrschung einer dieser Stimmen, werden die anderen ebenfalls kräftiger, während sie wachsen, sich anpassen, sich verändern. Untergräbt oder knebelt man eine, so werden auch die anderen leiden. Es ist mir ein Rätsel, warum diese Verbindungen unter Schriftstellern so selten besprochen oder erkundet werden, obwohl das Schreiben doch so schwer ist, obwohl ich weiß, dass ich nicht als Einzige nach jeder Hilfe und Unterstützung, nach jeder Verbesserungsmöglichkeit greife. Die literarische und akademische Welt bevorzugt offenbar ein Schreibmodell, bei dem würdevolle Denker Buchstaben auf Seiten hin- und herschieben – ohne Laut, ohne Atem, ohne Schweiß. Das wirkt verlockend, sicher, könnte aber auch eine Art Erstickungstod sein.

Hörbares Scheitern des Schreibenden kann eine ungeheure Wirkung haben. Die Fähigkeit des Autors, sein Werk wirkungsvoll einem Publikum vorzutragen, war kommerziell schon immer nutzbringend, kann ihm aber auch ein Gefühl echter Macht und Selbstvertrauen verleihen. Es kann das Werk in der Realität der direkten menschlichen Kommunikation verankern. Wenn eine Lesung schiefgeht, könnte es sein, dass die Zuhörer entweder dem Autor oder der schlecht vorgetragenen Literatur nicht verzeihen können. Und auf ganz persönlicher Ebene kann es verheerend sein, wenn man seine eigenen Worte in der wirklichen Welt laut stolpern hört, wenn man weiß, dass sie schlecht dargeboten und schlecht aufgenommen werden. Ein zunehmend wichtigeres und obligatorisches Element des Autorenlebens kann sich so zu einer Folge mit Mühe und Not vermiedener oder tatsächlich erlittener Demütigungen entwickeln. Der Klang der eigenen Stimme verbindet sich dann mehr oder weniger endgültig mit nervenaufreibender öffentlicher Selbstzerstörung. Wer möchte das nicht vermeiden? Welcher Autor, welcher Mensch wäre nicht daran interessiert, aus so einem Teufelskreis zu entkommen und stattdessen eine positive Wechselwirkung zu etablieren, in der gedachtes, gesprochenes und geschriebenes Wort einander nähren und unterstützen? Wer wäre nicht daran interessiert, wie er oder sie selbst zu klingen, nur tiefgehender und wirkungsvoller?

Und wieso sollte es einem beim Finden der eigenen Stimme nicht helfen, wenn man die eigene Stimme fände?

Ich atme ein und aus. Nicht denken. Kein Stress. Den Kopf entspannen, den Nacken, die Kehle – die sich natürlich sofort verspannen, sobald ich ihnen meine Aufmerksamkeit widme, was schon eine Form des Denkens ist, und ich sollte hier nicht zu viel denken, sondern vertrauen ... Also versuche ich, den Stress zu ignorieren. Ich lasse zu, dass ich mich selbst entfessele, und mache dabei weiter mit dem Ein und Aus, ich bin weich, ein weiches Etwas, ich bin hier und ich bin jetzt.

Wenn wir miteinander sprechen, müssen wir hier sein und jetzt sein. Die Transaktion an sich ist unkompliziert. Und darin kann man sich – das ist erschreckend und schön – nirgendwo verstecken.

Im Jahr 1983 studierte ich Theaterwissenschaften und Drama. Mit anderen Worten, ich versteckte mich. Ich hatte mich für einen dreijährigen Studiengang eingeschrieben, der nicht theaterlastig genug war, eine Schauspielerin aus mir zu machen, aber auch nicht akademisch genug, mich irgendwie unter Druck zu setzen. Ich hatte mich entschieden, mich nicht zu entscheiden. Ich bin nicht mal zu meiner eigenen Examensfeier erschienen.

Ich war schon eine angehende Schriftstellerin, zeigte schon viele der gattungstypischen Merkmale: gut in meiner Muttersprache, ein beschränktes Maß an Klugheit, oft schriftlich scharfsinniger als im persönlichen Gespräch, eine Einzelgängerin mit einer wachsenden Diskrepanz zwischen Gedanken und Gefühlen, zwischen Körper und Kopf.

Nicht dass es mir völlig an Leidenschaft fehlte. Ich hatte mich in Worte verliebt – Bücher erhellten meine Kindheit, waren eine

Art Segen. Und ich bewunderte Worte, wenn andere sie sprachen, Theater berührte und bewegte mich wie nichts anderes. Das Gefühl von Wörtern in meinem eigenen Mund – viel weiter in meinen Körper gelangten sie nie – war faszinierend, aber meine Liebe verwirrte mich vor allem, und ich wusste auch, wenn ich ihr eines Tages ernsthaft Ausdruck verleihen wollte, würde ich wahrscheinlich scheitern. Und ich wollte nicht scheitern.

Mir war auch bewusst, dass ich das Scheitern genau dadurch garantierte, dass ich es zu vermeiden suchte, ich hatte mich selbst in die Enge getrieben. Doch dann geschah etwas: ein Augenblick wahrhaftiger Bildung. Eine Stimmexpertin kam eines Tages als Gastdozentin in unseren Kurs. Ich hasste sie auf den ersten Blick, ohne besonderen Grund, außer dass sie sich aufdringlich wohl in ihrer Haut zu fühlen schien und viel zu hörbar war. Bei mir war meist weder das eine noch das andere der Fall. Die Expertin stellte uns in einer Reihe auf und gab jedem von uns ein Wort aus einem ganzen Satz. Dann mussten wir unsere Worte in der richtigen Reihenfolge aufsagen, den Satz aussprechen. Doch der Satz widersetzte sich Silbe für Silbe, kämpfte gegen uns und gewann. Wir klangen schrecklich: unverständlich und kraftlos.

Ich hatte schon entschieden, dass dies reine Zeitverschwendung war – genau wie das Rumhampeln in Leggings, das Reden mit Stühlen, das wochenlange Gestocher in meinem ohnehin karg möblierten Innenleben, um auf angemessen durchgeknallte Art insgesamt zehn Wörter in einer Aufführung von *Marat/Sade* zu sprechen. Ich war wütend – weil ich Angst hatte. Hier und jetzt war etwas, was ich nicht konnte. Und doch wollte ich hier und jetzt sein. Mir gefiel die Sicherheit, Worte und Dinge zugeteilt zu bekommen, die ich sagen und tun sollte – vom Publikum angestarrt zu werden fühlte sich an wie ein befreiender Mangel an Verantwortung. Und im täglichen Leben – im unvorhersehbaren täglichen Leben – sprachen Menschen ständig miteinander, es schien eine ziemlich grundlegende Fähigkeit zu sein, die mir abging. Ich wollte es besser machen und besser sein, doch wie bei so vielen anderen Gelegenheiten kam ich mir vor wie ein verkrampftes Murmeln mit Beinen.

Dann sagte die Expertin, dass wir für die Dauer ihres Workshops mit unseren Wörtern arbeiten würden – jeder mit einem Wort. Drei Stunden, wenn ich mich recht erinnere, für ein Wort. Mein Wort war »*the*«.

Genau.

Pflichtschuldig und unwillig sagte, schrie und flüsterte ich *the*, legte mich auf den Boden mit dem *the*, rannte mit dem *the*, rannte weg vor dem *the*, erfand das *the* neu als verdammte Geste – *o Gott, verschone mich*. Da ich schon wütend war, wurde ich bald hoffnungslos und dann ruhig.

The.

Schließlich stellten wir uns wieder in einer Reihe auf und sagten unsere Wörter – dieselben wie vorher – doch jetzt lebte der Satz, wir waren sein Eigen, und der Satz war unser, und wir waren Freunde, und zusammen waren wir wunderschön. Wir klangen gut. Meine Stimme hatte gerade bewiesen, dass sie gut klingen konnte. Und ich hatte ganz gegen meinen Willen gelernt, dass es mich wahrscheinlich eine Woche kosten würde, eine echte Beziehung zu dem bestimmten Artikel aufzubauen. Nachdem ich die Stimmexpertin – an deren Namen ich mich leider nicht mehr erinnern kann – anfangs gehasst hatte, war ich nun voller Bewunderung für ihre mystischen Fähigkeiten und meldete mich für, ich glaube, zwei angebotene Extrasitzungen an, zusammen mit einigen ebenso begeisterten Kommilitonen. In diesen Sitzungen bekam ich einen winzig kleinen Eindruck davon, dass die Stimme in der Brust liegen kann oder im Gesicht oder in der Kehle oder im Bauch, wie empfindlich sie auf Stress und Verwirrung reagiert. Meine Stimme kam mir vor wie ein lächerlich eigensinniges und zartes Tier: Erschreckte man sie, verschwand sie, nährte man sie, konnte sie einen Sinn erzeugen, der sogar ohne Mitwirken meines Intellekts existierte. Hier war ich an einem sicheren Ort, fütterte sie mit Worten, die ich bereits liebte, denen ich vertraute, mit Worten, die einen im einen Augenblick verblüffen und im nächsten unter die Fußsohlen kriechen und emporheben. Ich bekam einen Text von Shakespeare, geschrieben für den Schauspieler Richard Burbage: ein Autor, der eine Rolle auf eine bestimmte Zeit und eine bestimmte Stimme zuschneidet und sie doch dauerhaft baut. Als ich den Worten meine wenn auch unbedeutende, so doch volle, auch körperliche Aufmerksamkeit schenkte, reagierten sie prompt – eine solche Unmittelbarkeit wünscht jeder Autor zu erzeugen. Unter den Bedeutungsschichten lag ein über Jahrhunderte fortdauernder Atem, die dichten und fordernden Zeilen, die auch lange nach dem Tod des Autors, lange nach dem Tod des ursprünglichen Darstellers, nach dem Aufstieg und Fall und Verblassen so vieler anderer Schauspieler noch das Ein und Aus steuerten.

Und die Schultern entspannen. Meine Lehrerin legt mir die Hand aufs Rückgrat – Einausatmen – und drückt beim Aus. In der Geste allein scheint Barmherzigkeit zu liegen.

Plötzlich – diese Arbeit führt zu einem jähen Anfluten der Gefühle – fällt mir ein Freund ein, ein Mensch, den ich liebe, wie ich ihn sah und wusste, dass er verletzt war. Ich legte ihm die Hand aufs Rückgrat. Ehe ich einen Gedanken fassen konnte, bewegte ich mich und berührte ihn.

Ich bin hier.

Vielleicht versuchte ich zu ertasten, welcher Schaden entstanden war. Vielleicht.

Du bist hier.

Ich versuchte, seinen Atem zu beruhigen. Auf den Rücken klopfen, reiben, streicheln – das sind übliche Methoden, jemanden zu beruhigen.

Einausatmen. Fühle es.

Was fühlen?

Nicht analysieren.

Erinnern.

Ich erinnere mich an Zuneigung, hilflose Zuneigung, und daran, nicht allein zu sein.

Und ich erinnere mich, dass mir geholfen wird, wenn ich nicht allein bin, und dass ich vielleicht auch hilfreich bin.

Das geschieht – diese plötzlichen, heißen Informationsausbrüche.

Lass sie zu.

Und lass sie los.

Einausatmen.

Ich bin auf dem Schulhof und sieben Jahre, vielleicht acht. Bis zu dieser Sekunde war ich üblicherweise das murmelnde Kind. Mein Spitzname war Muttley, nach einem unverständlich nuschelnden Zeichentrickhund. Ich bin das Kind, das in der Ecke kauert, zu Hause Eltern mit Problemen, gute schulische Leistungen, aber entscheidungsschwach. Doch jetzt habe ich die Fassung verloren. Ich weiß nicht mal, wieso. Um ehrlich zu sein, gibt es kaum einen Grund. Aber ich schreie. Dieser Laut schießt aus mir heraus, es fängt in den Füßen an, und mein Mund ist weiter geöffnet als je zuvor, und irgendwer – Schulhofrüpel, Spötter, zufälliges Ärgernis – steht vor mir und starrt mich an. Ich habe den Menschen zum Anhalten geschrien. Das Geräusch, das ich mache, verändert ihn, verleiht mir die Kontrolle. Ich habe keinen Schimmer, was ich mit der Kontrolle anfangen soll: Ich habe sie bisher noch nie gehabt. Hinter mir taucht eine Lehrerin auf – mein Lärm trägt weit, hat sie angezogen. Ich kenne sie – sie hat mich unterrichtet und mein Leben noch elender und gehemmter gemacht, als ich es selbst schon hinbekam. Mir ist undeutlich bewusst, dass sie gern wieder sauer auf mich wäre, aber nicht genau weiß, wie sie das anfangen soll. Für ihre Wut ist kein Raum wegen meiner Wut, und ich bin nicht mehr das Mädchen, das sie erwartet hat.

Das gefällt mir. Es gefällt mir, dass sie beinahe Angst hat.

Den ganzen Rest meines schulischen Lebens bin ich nicht wieder so laut.

Aber ich rede gern öffentlich – in Wettbewerben und Diskussionen – unwahrscheinlich, aber wahr. Ich manövriere mich selbst in die Ecke, und dann muss ich einen Laut geben.

Und Einausatmen, während meine Lehrerin – Ros Steen – eine gute Lehrerin – eine richtige Lehrerin – kräftig über meine Rippenbögen reibt, wenn ich ausatme. Ich habe das schwache Gefühl, in den Boden zu sinken. Mein Kopf ist schwer und voll, mir ist warm.

Selbst als wir dies zum ersten Mal taten, hatte ich keine Angst. Eine gute Lehrerin – eine richtige Lehrerin – lässt die unheimlichen Sachen normal und notwendig wirken, so klein, dass man sie einatmen und dann wegpusten kann.

Ich fühle mich leicht, wie Muttley beim Fliegen, wie ein plumper Hund mit runden Schultern, der allein von seinen Tagträumen und einem wie irre kreisenden Schwanz in die Luft gehoben wird: ein Triumph der Hoffnung über die Physik.

Ros Steen leitet am Royal Conservatoire in Glasgow das von ihr gegründete *Centre for Voice in Performance*. Sie lehrt, forscht und hält Vorträge über Stimme, sie ist Stimmberaterin für Theater, Film und Fernsehen. In Wirklichkeit ist sie Prof. Ros Steen, MA, DSD, IPA, FRSAMD. Ich bin sehr froh, dass ich das nicht wusste, als ich Ros kennenlernte – so viele Buchstaben hinter ihrem Namen hätten mir Angst eingejagt. Tatsächlich half mir meine Unwissenheit, mich zu konzentrieren und auf jemanden zuzugehen, der in vielerlei Hinsicht weit über meiner Liga spielte.

Ich wusste bloß, dass ich *mich wirklich um meine Stimme kümmern musste.*

Ich hatte keine Ahnung, was *mich wirklich kümmern* und *meine Stimme* eigentlich heißen sollte.

Alle, denen ich von meinem *wirklich kümmern* erzählte, hatten mir gesagt: *Ros Steen wird dir helfen.*

Und sie hatten recht.

Mein kurzfristiges Ziel war, mich angemessen auf eine Solo-Performance vorzubereiten, nämlich die Show *Words* im Jahr 2009 beim Edinburgh Festival.

Ich hatte ein Script geschrieben, dass sich mit dem Leben als Schriftstellerin beschäftigte und was das bedeuten konnte. Ich hatte das Gefühl, der Bühnenauftritt sollte unmittelbar sein: kein Bühnenbild, kein Lesepult, kein Mikro – bloß ein Publikum (hoffentlich) und die Worte und ich. Das war als Beweis dafür gedacht, dass auch jemand so Unfähiges wie ich ohne sichtbare Hilfsmittel kommunikativ sein, durch diese Kommunikation besser und reicher leben, den papiernen Graben zwischen Buchseiten und Lesern überbrücken konnte.

Das war mehr als genug, um damit zu arbeiten, aber ich wusste, wenn ich an meiner körperlichen Stimme arbeitete, würde das auch meine anderen Stimmen beeinflussen, und ich konnte nicht vorhersehen, wie. Nach einer Halswirbelverschiebung und mehr als zehn Jahren Rückenschmerzen im Schulterbereich, nach Stress und Muskelschwund war meine Stimme schwach geworden und geschrumpft. Der Schmerz war endlich gewichen, und ich wollte meinen Klang zurück, und mehr als das – ich wollte unvorhersehbare Veränderungen. Ich wollte – es muss gesagt werden – *meine Stimme finden*. Ein schrecklicher, maßloser Ausdruck. Andererseits ist man ohne Stimme nirgendwo und niemand. Und doch nimmt ab dem ersten Schrei – sie sind froh, dass man am Leben ist, aber man soll doch bitte *still sein* – der Druck des auferlegten Schweigens zu, bis man sich vor sich selbst versteckt. Macht hat ein hörbares Maß: Männer sollten lauter sein als Frauen, Erwachsene lauter als Kinder, die Reichen lauter als die Armen, die Arrivierten lauter als die Außenseiter. Und in unserer derzeitigen Medienlandschaft sollten die Beängstigenden und Dummen lauter sein als alle anderen.

Ros war nicht die erste Spezialistin, die ich wegen meiner Stimmprobleme aufsuchte. Als ich von der Universität in ein Leben voller künstlerischer Teilzeitjobs und abendlicher Schreibversuche stolperte, verdiente ich mein Geld mit Workshops. Am Ende leitete ich zwei oder drei Workshops pro Tag – ständig reiste ich von einem bakteriellen Mikroklima zum nächsten, in Krankenhäusern, Tagespflege-Einrichtungen, Altenheimen, Gefängnissen. Ich litt an einer Reihe verschiedener Entzündungen der Nebenhöhlen und Atemwege und musste trotzdem immer weiter reden, reden, reden. Ich hielt außerdem Vorträge vor Sozialarbeitern, Pflegekräften und Gemeindehelfern, demonstrativ ohne Manuskript: *Hier stehe ich, ohne sichtbare Hilfsmittel, um Ihnen zu beweisen, dass die Arbeit mit Worten Ihnen zu mehr Verständlichkeit verhelfen kann. Ich bin schüchtern und knicke leicht ein, aber hier stehe ich aufrecht, während Sie mich anstarren, und stoße diese Laute aus.* Die unterschiedlichen Formen von Druck – schlüssig und verständlich, mutig zu sein, auch müde zu funktionieren, auch krank energiegeladen zu wirken – laugten mich aus. Es fiel mir schwer, das bisschen, was ich im Studium übers Sprechen gelernt hatte, hier anzuwenden. Ich wusste vage, was ich mit Theaterräumen anfangen konnte, doch nun war ich immer nur in verschiedenen Funktionsräumen mit trockener Luft und jeder Menge Trubel. Am Ende der meisten Tage hatte ich Halsschmerzen. Zu Beginn meiner *Karriere*, wie ich das stets mit Unbehagen nenne, entdeckte ich also mit tiefer Freude die Kraft des Schreibens – für mich selbst und bei Anderen, bei so vielen ausgegrenzten und bevormundeten Anderen. Gleichzeitig aber verlor ich ganz wortwörtlich meine Stimme.

Folglich suchte ich eine Dame auf, die Sprechunterricht gab (warum sind so viele Expertinnen und Lehrkräfte auf diesem Gebiet Frauen? Dazu später ...). Ich bekam anstrengende Sätze über rieselnde Kiesel und Barden am Abend nah am Abhang vorgesetzt und fühlte mich sofort wieder in die Schulzeit versetzt, in den Sprach- und Theaterunterricht, der mich selbstbewusst und wortgewandt machen sollte, mich aber in Wirklichkeit nur noch mehr verkrampfen ließ. Auch in der Schule waren mir Kiesel und Abhänge und Abendbarden und frische Fische auf die Nerven gegangen, während ich mir – kann das wahr sein? – ein Stück Plastik zwischen die Schneidezähne stopfte, um den Kiefer offen zu halten. Dieses Hilfsmittel machte mich zum gefühlten Krüppel, meine Muskeln krampften, meine Ängste wuchsen.

Ich hörte mich nicht so an wie diese erste Sprechlehrerin, und ich wollte auch nicht. Ich weiß noch, dass sie einmal mit ratlosem Widerwillen so etwas sagte wie: »Sie scheinen Ihre Stimme ja so zu mögen, wie sie ist ...« Das war weder hilfreich noch entspannend. Und an ihren Namen erinnere ich mich, aber ich werde ihn nicht preisgeben.

Als ich mich – verlegen oder genauer gesagt sprachlos – an die Dame wandte, die Sprechunterricht gab, bezahlte ich sie mit Geld, das ich kaum hatte, um die immer gleichen alten Zungenbrecher zu üben. Ich sagte Dinge, die niemand jemals sagen würde oder wollte.

Außerdem musste ich Passagen aus verschiedenen Büchern vorlesen. In einer Woche legte sie mir einen Abschnitt aus einem russischen Roman vor. Es war die bemerkenswert nichtssagende Beschreibung eines Korridors. Ich konnte nichts damit anfangen. Die Sprecherzieherin fragte mich, welcher der Sinne mich am meisten anregte. Obwohl ich darüber noch nie offiziell nachgedacht hatte, konnte ich ihr sofort antworten, dass der Geruch mein Hauptsinn sei. Ich erkenne Menschen zum Beispiel eher am Geruch als am Anblick. Sie fragte mich, wonach der Absatz rieche. Als ich den Abschnitt konzentriert las, entdeckte ich tatsächlich einen echten und vielschichtigen Geruch: nasser Putz, Verwahrlosung, alter Kohl ... Wenn ich diese Information festhielt, konnte ich die Worte so lesen, als hätten sie eine emotionale und visuelle Tiefe, die ich nur mithilfe von intellektuellem Stochern nicht fand. Ich mochte zwar ihre Lehrmethoden nicht, aber das war pures Gold. Wenn ich den Prozess mit dem russischen Absatz umgekehrt einsetzte, wenn ich versuchte, mein eigenes Schreiben mit Hilfe meiner Sinne und der Klarheit meiner Stimme zu analysieren, dann könnte ich womöglich meine schriftstellerische Leistung steigern. Ich bemerkte außerdem, dass eine ganz minimale Verbesserung meiner Fähigkeit, beim Sprechen ein Wort ans andere zu reihen, zu einer viel größeren Steigerung meiner Risikobereitschaft beim Schreiben führte, dass ich meine Prosa so auf eine höhere Ebene zwingen konnte. Am Ende des Unterrichts bekam ich für meine Kosten den Ratschlag, Milchprodukte im Interesse meiner Nebenhöhlen zu vermeiden und in allen Zimmern eine Untertasse Wasser aufzustellen, um die Stimmbänder anzufeuchten. Als sei meine Stimme ein durstiges Haustier. Vor allem aber war mir bewusst, dass ich immer noch nicht unter Kontrolle hatte, was für Laute ich erzeugte, oder auch nur guten Mutes keine Kontrolle darüber hatte.

Immer weiter entspannen, versinken, einausatmen.

Beim Ausatmen drückt Ros auf meine Lendenwirbel, Hinterbacken – angemessen lächerliches Wort – und Schenkel. Noch mehr Gefühlsgeschichte spult sich schwach im Hintergrund ab – all diese Kindertage mit zitternden Beinen, wenn man rennen wollte – Anspannungen als Erwachsene – ein pubertärer Unfall: Die Weihnachtsfeier in der Leabrook Methodist Chapel, als ich dreizehn und viel zu aufgeregt war und schneller als gedacht vom Stehen ins Sitzen fiel – damals ein unglaublicher Schmerz, und meine Großmutter machte sich große Sorgen wegen meines veränderten Gesichtsausdrucks, als ich

aufprallte. Gran lud die halbe Kapelle ein, mich zu besuchen, als ich
im Bad meinen, wie sich herausstellte, gebrochenen Arsch im Wasser
kühlte – den Kopf durch die Tür und gute Besserung, Herrgott … Und
seit Ende zwanzig habe ich diesen Schmerz von einem schief verheilten
gebrochenen Kreuzbein, das jetzt nach links tendiert. Genau wie ich.
Dazu noch das Tippen, das Vorbeugen, das Zusammendrücken – mein
Körper spannt alle Kräfte an und drückt eine Bandscheibe raus, damit
ich anhalten und neu bewerten muss.

Und ist es Zufall, dass alle Menschen, die mit meiner Stimme zu
arbeiten versucht haben, Frauen waren, dass auf den Empfehlungs-
listen immer nur Frauen standen? Liegt das daran, dass Frauen stiller sind, stiller gemacht werden, es nötiger haben?

Meine Großmutter mütterlicherseits – die von den Leabrook-Me-
thodisten – war laut und peinlich, trug noch mit über sechzig knie-
freie Röcke, war in ihrer Jugend ein *Flapper*, ein Charleston-Girl,
hatte eine so laute Lache, dass sie damit einen Theatersaal ausfül-
len konnte, kletterte in wirklich jeder Varietéshow auf die Bühne,
wenn Freiwillige gesucht wurden. Sie war stürmisch – ihrer eigenen
Mutter gegenüber, ihrer Tochter und auch ihrem zweiten Mann:
dem »Grandpop«, den ich kannte. Um ehrlich zu sein konnte sie
plötzlich und unerklärlich alle und jeden beschimpfen. Ihr erster
Ehemann und, wie man sagt, die Liebe ihres Lebens, starb ganz
plötzlich kurz nach der Hochzeit. Sie zerbrach und verheilte dann
schief und tendierte definitiv nach links. Ich vermute immer mehr,
dass ich ihr ähnele.

Meine Mutter war viel stiller, eine sanfte murmelnde Existenz,
eine heimliche Geschichtenerzählerin, leise Sätze schlichen sich
ein, so wie ihre Hand um meine; so viele lautlose Umarmungen. In
meiner Kindheit sprach sie nicht viel, war schüchtern und nervös –
eine Frau in einer anstrengenden Ehe, eine Frau, die im postindus-
triellen Dundee makelloses Englisch sprach, eine Frau, aufgezogen
von ihren Großeltern, die immer sehr walisisch geblieben waren,
obwohl sie in der Nähe von Birmingham wohnten. Als Kind hatte
sie sich einen nordwalisischen Akzent zugelegt. Die perfekte Hoch-
sprache kam dann in der Lehrerausbildung – »So kannst du nicht

klingen, die Leute werden dich auslachen.« Jetzt ist sie schon lange glücklich geschieden, lebt wieder in den Midlands und ist – sieben Jahre nach ihrem Umzug – redselig, schwatzhaft, dramatisch, eine musikalische Erscheinung. Irgendetwas an ihr tanzt immer, so wie an guten Tagen, als ich klein war: Als sie einfach nur tanzte, aus schierer Freude daran. Sie hat je eine Goldmedaille für Standard und Lateinamerikanisch gewonnen, als sie noch jünger und unverheiratet gewesen war, als sie noch zu Hause lebte.

Darüber hat sie nie geredet.

Heutzutage ist sie lauter. Wort für Wort ist sie zu sich selbst zurückgekehrt, ist vollkommen und sehr hörbar zum Leben erwacht.

Ich muss an all die Frauen in meiner Bekanntschaft denken, die nicht richtig »Ja« sagen können. Sie behelfen sich mit einem kleinen verschreckten Einatmen und einem Nicken, als würde es sie irgendwie bloßstellen oder verraten, wenn sie eine Vorliebe angeben. Und »Nein« scheint gar nicht erst in Frage zu kommen, nur Worte, die es einebnen oder umschiffen.

Und wieso werde ich, wenn ich auf der Bühne Stand-up-Comedy mache – oder anscheinend jede Frau, wenn sie Stand-up-Comedy macht – am allerhäufigsten mit dem Spruch »Du hast aber eine große Klappe« gestört? Der Standardzwischenruf bei Männern ist »Du bist so scheiße.« Wir aber kriegen: »Du hast eine große Klappe.« Für ein gewisses Publikum ist schon die einfache Kombination von *Frau* und *Sprechen* offenbar falsch, falsch, falsch. Die weibliche Standardreplik ist natürlich trostlos schlicht: »Nein, Süßer, meine Klappe ist gar nicht so groß, dein Schwanz ist bloß winzig.« Was in gewisser Hinsicht auch falsch, falsch, falsch ist. Aber in anderer Hinsicht auch richtig, richtig, richtig.

Ich erinnere mich, wie ich das Cicely Berry erzählt habe – der berühmten, ehrfurchteinflößenden, großen alten Dame der Stimmschulung, die mit ihren maßgeblichen Büchern zum Thema über meiner Studienzeit schwebte, und mit ihrer Arbeit für die Royal Shakespeare Company in deren goldenen Jahren: Inszenierungen, die jede Zeile aufweckten und sie *hier, in diesem Moment, ganz neu* geschehen ließen. Sie ist inzwischen etwas fragil, doch immer noch drahtig und vielleicht ein bisschen schwerhörig, allerdings kann es auch sein, dass ich einfach innerlich zerknitterte, weil ich im selben Raum war wie sie, und darum wieder ins Murmeln verfiel – ich wurde wieder zu Muttley. Als ich den Spruch »Du hast aber eine große Klappe« zitierte, veränderte sich die Luft um sie herum, und eine Person, die man vielleicht für eine harmlose alte Dame hätte halten können, brodelte und barst beinah vor tief empfundenem und gerechtem Zorn. Sie ist überzeugt, dass wir *um unser Leben* sprechen. Ich würde nicht dagegenhalten. Jemanden am Sprechen zu hindern kommt daher einer Art Mord gleich – und ist viel zu oft auch eine Vorübung für tatsächlichen Mord. Versuchen Sie mal, Dame Cicely zu sagen, sie habe *eine große Klappe* – ich habe das Gefühl, das würde nicht gut für Sie ausgehen.

Fast am Ende dieser Vorbereitungsphase reibt Ros noch weiter an meinem Körper hinab und drückt auf meine besockten Füße – ich muss bis in meine Füße hinein atmen – Einausatmen – meine tiefsten Tiefen ausloten.

Als ich mit Ros anfing, erinnerte ich mich wieder, wie gut es ist, in Socken zu sprechen, oder barfuß, sich auf etwas Solides zu gründen und dann zu sehen, wo es hinführt. Die Stimmbildner alter Schule favorisieren Schuhe, Einschränkung, Zwang. Wenn ich schreibe, bin ich lieber barfüßig, und wenn ich spreche, ebenfalls. Wie konnte ich das vergessen haben?

Mir wurde klar, wenn ich meine Bühnenshow aufführte, musste ich das mit bloßen Füßen tun. Das würde mich hoffentlich mit dem Boden verbinden, und eine meiner Stimmen mit einer anderen – die in meinem Kopf mit der, die bis zu meinen Füßen reichen, meine Tiefen ausloten und finden sollte, was darin liegt. Das klingt nach der Sorte pseudokünstlerischem Geschwafel, von der mir normalerweise übel wird. Trotzdem leuchtet es ein. Ich habe das Gefühl, dass es Sinn ergibt.

Das würde aber auch heißen, dass ich bei zahlreichen Aufführungen überlegen müsste, worauf ich da gerade getreten war und ob ich wohl blutete; dass ich Bühneninspizienten und alle möglichen Leute, die wüssten, wo die Besen sind, bitten müsste, noch einmal die Bühne zu fegen, bitte. Daraus wurde eine Art Testlauf, wie der technische Teil einer Abendvorstellung wohl laufen würde – hatte der Inspizient/Techniker/Mensch mit Schlüssel für die Lichtanlage Verständnis für meine Füße? Bei Verständnis: Die Lichteinsätze würden rechtzeitig kommen und in ihrer Helligkeit wahrscheinlich intuitiv dem Veranstaltungsort angepasst sein. Bei Unverständnis: Ich durfte mich nicht darauf verlassen, dass irgendwas so beleuchtet wurde, wie ich es erwartete, und ich musste wahrscheinlich selbst die Bühne fegen, wenn ich einen Besen finden konnte.

Nach einem Auftritt kühlte ich mich normalerweise ab, indem ich mich in irgendwelchen verfügbaren Badezimmern wusch. Meine Füße waren immer herrlich dreckig, so als hätte ich draußen gespielt. Ich musste an meine Mutter denken, die barfuß getanzt hatte – Steeleye Span spielte im Fernsehen – »All Around My Hat« – schwierig zum Tanzen ...

Ich tanze nicht, nicht so richtig. Ich weiß nicht mehr, wann ich aufgehört habe, draußen zu spielen, aufgehört habe, laut zu rufen, und entdeckt habe, dass ich nicht schreien kann.

Ich erinnere mich an diesen Abend in Edinburgh – gute Show, nettes Publikum. Es waren vorher schon Comedy-Auftritte gut gelaufen, aber das hier war anders – diesmal klang ich wie ich selbst. Ich sagte, was ich sagen wollte, so wie ich es sagen wollte. Meine Stimme hatte mich gefunden. Und wir schrien und sagten schlimme Wörter und lachten. Wir spielten draußen.

Die Show fand früh in einem Kulturzentrum in Glasgow statt. Wir starteten mit leichter Verspätung: Die Zuschauer konnten den Weg durchs Gebäude zur Bühne nicht finden, und draußen drohte ein Mann vom Dach zu springen. Zum Zeitpunkt meines Auftritts wusste ich nur vom ersten Problem. Ich war drinnen und versuchte genau das Gegenteil von Selbstmord.

Der Mann sprang dann doch nicht. Redete bloß vom Springen – die Geschichte war ihm genug.

Es war drückend heiß an dem Tag, und der Saal wurde noch zusätzlich durch eine riesige Fensterfront aufgeheizt. Das Publikum und ich wurden gegrillt. Nach ungefähr fünfzig Minuten versucht der Text, die Macht der Sprache zu beleuchten; ich sprach also wie geplant in etwas hypnotischer Manier über Zahnschmerzen. Eine Frau in der ersten Reihe – sie war zu spät gekommen und daher noch nicht so erschöpft von der Hitze – krümmte sich sofort in offenkundigen dentalen Qualen. Ich war erfreut, dass es funktioniert hatte, und zugleich besorgt, dass sie ihre Schmerzen nicht wieder loswerden würde.

Doch das gelang ihr zum Glück – die Worte, die ihr sagten, dass es ihr wieder gutging, überzeugten sie ebenso gründlich wie diejenigen, die ihr Schmerzen bereitet hatten. Als ich zum Schluss meiner Show kam, wurde mir bewusst, dass ich: a) selbst positive Worte nie so überzeugend finde wie negative und b) dringend eine umfängliche Berufshaftpflichtversicherung brauchte. Wenn ich nun bewies, dass Sprache tatsächlich riesigen Einfluss haben kann, indem ich mir Klagen aus dem Publikum einhandelte, wegen Phantomschmerz im Backenzahn?

Einausatmen. Wenn mein Problem zum Teil eine Geschichte ist, eine Erzählung von Ängsten und Unfällen – Sturz von einem Pferd, unkluges Heben, der Stress der Selbständigen, der Stress durch den Stress – wie können dann seine körperlichen Symptome geheilt werden? Und wenn ich nun die Geschichte nicht finde, mit der ich mich aus meiner Ecke herausreden kann?

Nach dem Zahnschmerz kommt der metaphorische Zucker. Die Zuschauer werden aufgefordert, sich jemanden vorzustellen, den sie lieben, und die Einzelheiten, was genau und warum sie lieben, warum sie lächeln, wenn sie an ihre Liebe denken. Sie sollen sich selbst die Geschichte ihrer Liebe erzählen. Und nur weil sie dazu aufgefordert werden, tun sie es. Wie außerordentlich das ist – ein ganzer Raum bewegt sich, weil ich ein paar Laute von mir gegeben habe. Dann schreiben wir gemeinsam mit den Zeigefingern ICH LIEBE DICH in die Luft – klingt kitschig – ist auch kitschig – aber funktioniert. Und es bedeutet, dass ich in ein Auditorium voller lächelnder Gesichter schaue: in Toronto, Richmond/Virginia, Galway, Bath, Hebden Bridge ... so viel Lächeln. Und eines Nachmittags in Edinburgh ist da ein Paar, das sich jemanden vorstellt, lächelt, in die Luft schreibt, einander anschaut, die Zeigefinger aneinander legt, wieder lächelt. Sie waren in derselben Geschichte, haben sich gegenseitig erzählt.

Dies ist eine Version einer Übung, die ich manchmal in Workshops verwende. Denken Sie an Ihre Liebe, konzentrieren Sie sich und schreiben Sie dann ICH LIEBE DICH. Spüren Sie die angenehme Wirkung auf Ihren Körper, Ihren Arm, Ihre Hand, Ihr Gesicht. Und jetzt schauen Sie die Worte an. Für Sie sind sie vielleicht ein Destillat von allem, die Summe Ihrer schönsten Freuden. Für Ihre Leser sind sie ein Klischee. Eines Ihrer Grundprobleme als Schriftsteller ist es, Ihren Lesern deren Version dieser angenehmen Wirkung zu geben, und das nur mit Hilfe von Worten – keine Begegnung, keine Berührung, nur diese kleinen Zeichen aus Linien und Punkten.

Einausatmen, und während dieses Teils der Übung spricht Ros mit mir und mit sich – die Geschichte, wo wir sind, unser Hier und Jetzt. Sie hebt meine Beine an den Fußknöcheln an, während ich schlaff zu bleiben versuche, ganz weich und willfährig – Einausatmen – und sie mich noch lockerer schüttelt.

Ich spüre das Gewicht zu meinem Becken hinabsinken, spüre die Energie dort, und dass ein Teil der Stimme aus den Hüften kommt, so wie auch unsere Bewegung aus der Hüfte kommt: Der Schlag eines Boxers nimmt hier seinen Ausgang, ebenso wie der Schritt einer Tänzerin. Dies ist eine sexuelle Energie, die als Teil der Stimme nicht fehlen sollte, nicht verschämt weggesperrt oder ausgesperrt werden sollte.

Eines meiner Hauptprobleme als Mensch: Ich habe noch nie »Ich liebe dich« sagen können. Ich musste über vierzig werden, ehe ich es schreiben konnte, wenn es persönliche Bedeutung hatte. Liebe – *love* – ein Wort, das auf schreckliche Weise es selbst ist: Es fängt mit einem Drängen an, deine Zunge presst sich nach vorn, in alles hinein, was nicht du selbst bist – nur deine Zähne retten dich – und dann die plötzliche Öffnung, die Offenheit, der Umriss der Überraschung, der Schatten eines Kusses, Weichheit, du lotest die Tiefen deiner selbst aus, von den Lippen bis in die Magengrube (oder in die Fußsohlen, wenn du willst, wenn du das schaffst), und dann das zarteste Ende, der Mund spannt sich um einen Schlusslaut, so ein intimes Summen dicht am Ohr.

L – O – V – E

Ich kenne die Theorie.

Aber ich habe es nie ausgesprochen. Nicht zu Verwandten oder Freunden, nicht bei einem Gefühl, das vielleicht eher laut gerufen, auf Plakatwände gemalt, in traditioneller Manier zu Opern und Neonschrift und Feuerwerk und Transparenten hinter Flugzeugen verarbeitet werden sollte. Je wichtiger es war, dass ich meiner Zuneigung Ausdruck verlieh, desto stiller wurde ich.

Also habe ich meiner Großmutter nie gesagt, dass ich sie liebe, nicht einmal dann, wenn sie wegen eines Nichts wütete, Beleidigungen und seltsame, drängende Ängste heraushaute und am Ende das ganze Zimmer anschrie – eine drahtige kleine Frau, wild und heftig: »Ihr liebt mich nicht! Niemand von euch liebt mich!« In solchen Momenten tat niemand, auch ich nicht, das Einfache und Anständige, nämlich zu sagen: »Ich liebe dich. Du wirst geliebt. Natürlich wirst du geliebt. Du bist kratzbürstig und verrückt, nichts als Temperament und Ellbogen, aber du wirst geliebt.« Meine Großmutter, die süchtig war nach mit Schokolade überzogenen Paranüssen und Liebesromanheften: die Ärzte und Krankenschwestern und unglücklichen jungen Liebenden und gequälten, aber edlen Seelen, die einander fanden und erschreckende Erklärungen umfangreicher Hingabe abgaben. Meine Großmutter, die Charleston und Black Bottom tanzen konnte – nicht schön, aber mit genug Ausdruck, jeden Raum damit zu füllen. Meine Großmutter, die im Bett saß und Happyends las, während mein Grandpop ihr leise eine Wärmflasche und Kekse brachte und sie küsste, und sie beide wussten, dass ihr erster Mann ihr ganzes Leben in ihren Träumen blieb, ein quälender Trost. Und ihre Tochter und Enkelin lebten weit weg in Schottland, dabei war sie nur dann wirklich glücklich, wenn wir wieder alle zusammen in einem Zimmer waren – sodass sie uns alle gleichzeitig anschreien konnte.

Sie fürchtete immer, dass ihr zweiter Mann ihr genauso entgleiten und sie alleinlassen könnte wie der erste. Tat er aber nicht. Sie war diejenige, die zuerst ging; eines Nachts erlitt sie einen heftigen Schlaganfall und fiel sehr schnell ins Koma, sprach nicht mehr. Grandpop hatte eine Erste-Hilfe-Ausbildung. Er wusste, was los war, doch als er meine Mutter anrief, sagte er nur: »Ich kriege sie nicht wach.« In unserer Familie müssen wir einander nie viel sagen.

Bis hierher waren meine Augen geschlossen, ich bin irgendwo in meinem Inneren herumgetrieben, aber an dieser Stelle muss ich – Einausatmen – wieder zurückkehren, muss mich auf die Seite rollen und mich kurz und vorsichtig in Embryonalstellung einrollen, dann die Augen öffnen, ehe ich mich wieder zurückrolle, die Füße unter meinen Leib schiebe und langsam aufstehe, mich in einer langsamen Biegung nach oben entrolle: die Hüften an die richtige Stelle setze, die Lendenwirbel, und immer höher und höher hinauf, die Schultern – die Schultern weiten, sie breit und offen sehen und – Einausatmen – zuletzt den Hals und den Kopf, der schwerste und sorgenvollste Körperteil zuletzt. Stell dir vor, dein Kopf erhebt sich auf seinen Wirbeln, das Gefühl, dass er schwebt, dass er höher hinaus will.

Ich werde schon lange von Fremden entrollt und aufgerichtet, seit meinen unglückseligen insgesamt zwei Stunden »Musik und Bewegung« – auch so ein Versuch, mich in eine selbstbewusste Form zu bringen: ein Paar Leggings unter vielen in einem eiskalten schottischen Gemeindesaal. Und man forderte mich tatsächlich auf, ein Baum zu sein. Ich wollte noch nie ein Baum sein.

Ich habe meiner Mutter nie gesagt, dass ich sie liebe – meiner wahrhaft wundervollen tanzenden Mutter. Sie weiß ganz bestimmt, dass ich sie liebe, aber sie hat es nie zu hören bekommen.

Fast vierzig Jahre später, und zum ersten Mal will ich wirklich ich selbst sein. Ich möchte als ich hier stehen. Es ist ganz in Ordnung, dass ich hier stehe und Raum einnehme.

Ich selbst sein, meine eigene Stimme haben. Ich will sagen, was ich sagen muss, wenn ich es sagen muss. Hier geht es nicht nur ums Schreiben, sondern um mein ganzes Leben.

Ich habe meinem Großvater nie gesagt, dass ich ihn liebe. Nicht mal, als ich so gut wie sicher war, dass ich ihn zum letzten Mal sah, als ich mich am Ende unseres letzten Mals verabschiedete. Ich schreibe hier »so gut wie sicher«, weil ich mich dabei besser fühle – als hätte mich ein kleiner Zweifel davon abgehalten, mich anständig auszusprechen. In Wirklichkeit wusste ich es: *Sag es jetzt, oder du wirst es nie mehr können.* Ich sagte es nicht.

Dabei liebte ich ihn. Ich liebte alles an ihm, vielleicht nicht besonders seine Stimme, doch auch die liebte ich sehr. Viele Jahre lang sah ich ihn nur zwei Wochen im Jahr, in der übrigen Zeit mussten wir uns mit Telefonaten behelfen: ein kurzer Plausch mit Großmutter, dann wurde der Hörer an Grandpop weitergereicht, ein relativ schüchterner und schweigsamer Mann. Doch beim Klang seiner Stimme fühlte ich mich, als säße ich auf seinem Schoß, das Ohr an seiner Brust – *das ist die Delle, wo mich die Kanonenkugel getroffen hat* – und lauschte seinen herrlichen, ausladenden Lügengeschichten. Aber er erzählte mir auch Wahrheiten über sich: Was er so trieb und wann, ein paar Splitter Philosophie, Tipps zur Selbstverteidigung, Anekdoten aus seiner wilden Zeit in London, als er mit einem Messer unterm Kopfkissen schlief, als er boxte und schmutzige Kämpfe ausfocht, als er Tanzstunden nahm, um seine Beinarbeit zu verbessern. *Wenn du Angst hast, schlagen nicht* sie *dich – du schlägst dich selbst.* Auch jetzt noch hüllt mich der Gedanke an seine Stimme in den Geruch nach Handwaschpaste und Karbolseife – gerade von der Arbeit gekommen und frisch gewaschen. Er bediente Werkzeugmaschinen, war Vorarbeiter und Sicherheitsbeauftragter der kleinen Werkstatt, in der er arbeitete. Und er bevorzugte kräftiges Aftershave: *Old Spice* oder *Hai Karate*, und darunter das Aroma von *Player's Navy Cut* und der scharfe Duft der Werkstatt: Metall und Geschicklichkeit und Gefahr. Ich sog ihn ein – Einausatmen – und lauschte seinem Herzschlag. Er hatte ein weiches Herz, das ihn am Ende im Stich ließ. Und ich verlor mich in seinem Bariton und seinem sanften Schnurren. Er hatte den leisen Akzent des Black Country – der nicht nach Birmingham klingt, ganz und gar nicht. Es ist eine exzentrische, spielerische Sprechweise, die Vokale auskostet und phantasievoll zärtlich ist. Und wenn er glücklich war, schnurrte er.

Samstagabends spät saßen wir zusammen – meine Großmutter war schon zu Bett gegangen –, das Licht war aus, und im Fernsehen lief ein harmloser alter Gruselfilm. Er saß in seinem großen ledernen Fernsehsessel, ich auf einem Kissen zwischen seinen Pantoffeln. Ich hängte die Arme rechts und links über seine Knie und lehnte mich an seinen Sesselsitz. Und es ging uns gut, alles war weich und leicht, und er schnurrte genug für uns beide: ein großer Mann, muskulös, ehemaliger Falschspieler, ehemaliger Mittelgewichtsboxer und sehr wahrscheinlich auch illegaler Bare-Knuckle-Faustkämpfer, federleichter Tänzer, das Haar mit Brillantine zurückgekämmt wie ein Gangster; er wusste, wie man mit Zigarette für ein Foto posiert, diese klassische Filmstarhaltung aus den 1950ern. Und er gehörte mir, war mein sicherster Ort, mein bester Ort. Und ich habe es nie gesagt.

Jetzt ist es zu spät.

Er hat auch nie gesagt, dass er mich liebte. Dafür war er nicht der Typ. Es war so sicher wie unsere ineinandergefalteten Hände, die wir zusammen in seine Manteltasche steckten: so warm und behaglich. Und so wundervoll wie sein Name für mich: Er nannte mich Tiger. Niemand sonst nennt mich *Tiger*, warum auch? Und niemand kann es mit seiner Stimme sagen.

Stehen. Aufrecht. So atmen, als hätte ich es noch nie getan, und die Arme in der vorgeschlagenen Weise kreisen lassen. Es ist eigenartig ermüdend, aber auch berauschend, mit voller Kraft zu atmen. Als ich das zum ersten Mal tat, konnte ich irgendwann nicht mehr an mich halten und musste laut lachen. Ich stand vor einer Professorin und lachte wie betrunken. Ros machte das nichts aus, sie verstand es.

Sie führt uns jetzt in die nächste Phase des Prozesses: den Schritt von innen nach außen, so atmen, als täte ich es für Beobachter, ein Publikum, als wollte ich mich zu den Menschen hinwenden, die ich … Was will ich? Sie berühren? Verändern? Kontakt aufnehmen? So viele Möglichkeiten.

Wieder erinnere ich mich an eine Passage aus Last Words of the Executed, *herausgegeben von Robert K. Elder, die eine Massenhinrichtung*

von amerikanischen Ureinwohnern beschreibt: achtunddreißig Männer,
die singen und tanzen, um einander vor dem Ende Trost und Kraft zu
geben, die versuchen, einander an den Händen zu halten, die ihre Na-
men ausrufen und: »*Ich bin hier! Ich bin hier!*« *Lebenszeichen.*

Alfred Wolfsohn wurde 1896 in Berlin geboren. Er war ein Einzelgänger, dem seine Mutter vorsang. Als Jurastudent wurde er einge-
zogen und kämpfte in den Schützengräben des Ersten Weltkriegs.
Die Laute der Männer im Todeskampf überall um ihn herum ent-
setzten und veränderten ihn. Das Leben in ihren Schreien schien
ihm außerordentlich – dass die Sterbenden lebendiger klangen als
die Lebenden, kam ihm irgendwie falsch vor. Als er nach Hause kam, war er in mancher Hinsicht gebrochen, und er verheilte schief – er gab die Rechtswissenschaft auf und studierte stattdessen Gesang. Unzufriedenheit mit seinen Lehrern brachte ihn
dazu, eine eigene Theorie der Stimme zu entwickeln – deren Kern
seine Überzeugung bildete, dass wir uns das ganze Leben körperlich und seelisch umfassend ausdrücken sollen, und nicht erst ganz
wir selbst werden, wenn wir sterben und uns nicht mehr zu helfen
ist. Wolfsohn fing an zu lehren, vermengte dabei Inspirationen aus
Literatur und Kunst, Psychologie und Horror. Als Hitlers Natio-
nalsozialisten an die Macht kamen, brachten sie mit grauenhaft
effektiver Propaganda ganz neuen Schrecken über das Land – de-
formierte Stimmen, lügnerische Stimmen, Laute von nicht ganz
Lebendigen, um weithin den Tod heraufzubeschwören. Der Jude
Wolfsohn floh nach London und widmete seine ganze Energie der
Suche nach einer anderen Art zu sprechen und zu sein. Er lehrte bis
wenige Tage vor seinem Tod im Jahr 1962, arbeitete mit zahllosen
Sängern und Schauspielern, darunter auch Roy Hart.

Hart kam aus Südafrika, ein Einzelgänger und Stipendiat an der
Royal Academy of Dramatic Art (RADA) in London. Er hatte das
Gefühl, dass sich sein Leben und seine Karriere durch die Begegnung und die Arbeit mit Wolfsohn verändert hatten, auch wenn
die RADA Wolfsohns Einfluss nicht gerade erfreut zur Kenntnis
nahm. Hart wurde Wolfsohns leidenschaftlichster Unterstützer,
stand selbst auf der Bühne und lehrte, arbeitete mit Psychiatern,

Schauspielern, Sängern. Schließlich gründete er das Roy Hart Theatre, und obgleich er 1975 bei einem Autounfall ums Leben kam, setzt das Theater in Südfrankreich bis heute Wolfsohns Ideen um. In Roy Harts Tagebuch heißt es über Wolfsohn: »Er akzeptierte mich so, wie ich war.«

Ein ursprüngliches Mitglied des Roy Hart Theatre war Nadine George, die später das Voice Studio International in London etablierte. Ros Steen ist von der Arbeit mit Nadine George stark beeinflusst worden.

Damit habe ich auf sehr ausführliche Art gesagt, dass die Überzeugung, eine Stimme könne und solle ihrer Besitzerin und der ganzen Welt Gutes tun, jetzt zu einem Teil meiner Atmung geworden ist, so gut ich es eben hinbekomme. Und ich verdanke es der Arbeit und den Gedanken von drei Generationen. Das passt gut zu dem verschwommenen Verdacht, den ich schon immer hatte: Wenn meine geschriebene Stimme mir Aufmerksamkeit verschafft, dann sollte ich zumindest zeitweise dafür schreiben, dass diese Aufmerksamkeit sich auf Unheil richtet, das verhindert oder wiedergutgemacht werden soll. Ich stehe ohne Schuhe auf der Bühne und werde dafür bezahlt, ich darf mich hören lassen. Und wer gehört wird, sollte wenigstens zum Teil für die Geknebelten sprechen, die zum Schweigen gebracht worden sind. Das tut fiktionales Schreiben sicher auch – es ist selbst eine Stütze und verändert Welten –, aber manchmal muss man einfach darauf hinweisen, wie schwer es ist, eine gute Geschichte zu genießen, wenn Schreie zu hören sind.

Hier machen wir eine Pause. Ich setze mich. Ich nehme einen Schluck Wasser. Ros fragt mich, ob ich über irgendetwas reden will. Manchmal kann ich artikulieren, was gerade passiert: körperliche Eindrücke, Gedanken, Gefühle, Rückblenden, wie sich die Methode auf den Roman auswirkt, oder auf das Bühnenprogramm. Manchmal ist da einfach nur Freude.

Hier bin ich.

Es ist oft bemerkenswert, darin Freude zu finden.

Als Nächstes gehen wir nach nebenan zum Klavier.

Ein durchaus beunruhigender Satz – »Als Nächstes gehen wir nach
nebenan zum Klavier.«
Aber das ist okay. Es macht mir nichts aus. Alles wird gut.
Ich erinnere mich an unsere erste Sitzung – sehr viel Aaauuu und
Ooooh und Aaaah – und ich hatte ein Gefühl, als würde mir die Schä-
deldecke wegfliegen, als würde ich gleich umfallen, als würde etwas
Riesengroßes in meiner Brust erwachen.
Wer hätte das gedacht.
Alfred Wolfsohn zum Beispiel. Und Ros auch.

Wir schreiben das Jahr 2001. Ich bin in Kanada und warte darauf,
bei einer Lesung im Rahmen eines kanadischen Literaturfestivals
an die Reihe zu kommen. Ich mag Lesungen, und ich bin unter
Freunden. Der einzige Mensch hier, den ich nicht kenne, ist Michael David Kwan, Autor des autobiographischen Buches *Things
That Must Not Be Forgotten* über seine Kindheit im von den Japa-
nern besetzten China. Er liest als erster und ist etwas nervös. Wir
freuen uns alle auf das Abendessen nach der Lesung und darauf,
Michael kennenzulernen. Er scheint ein zarter, höflicher Mann,
eine sanfte Erscheinung. Michael wird vorgestellt und tritt hinter
dem Vorhang hervor, auf die Bühne des reizenden kleinen Theaters
in Victoria auf Vancouver Island. Wir anderen Lesenden sitzen auf
der Bühne, aber seitlich hinter dem Vorhang im warmen, dämm-
rigen Dunkel. Wir hören zu. Michael sagt dem Publikum, dass
er nervös ist, und ein leises, mitfühlendes Murmeln ist zu hören.
Sie klingen nett. Er fängt an, einen Abschnitt zu lesen, in dem
er auf einem Baum herumklettert und ein japanischer Soldat ihn
entdeckt. Plötzlich wird klar, dass der Soldat ihn für einen Spion
halten und erschießen könnte. Womöglich wird er nie in der Lage
sein, uns die Geschichte seines langen, erfüllten Lebens zu erzählen. Er spürt, wie die Flügel des Todes über ihm flattern. An dieser
Stelle bricht Michael ab und sagt, dass ihm nicht gut sei, und dann
hören wir ihn fallen und seinen Kopf auf das Holz des Bühnen-
bodens fallen.

Im Publikum sitzen Ärzte, die herbeieilen, während wir Mi-
chaels letzten Atemzug hören, flatternd und furchtbar. Wir haben

noch nie jemanden sterben hören, aber wir wissen alle, was hier geschieht, was das bedeutet. Dies ist Sterben.

Wir lauschen durch den Vorhang. Wir können nichts tun, offenbar nicht mal weggehen. Die Ärzte versuchen, ihn wiederzubeleben, und ein neuer Atemzug rauscht in seine Lungen. Michael keucht wie ein Mann, der aus dem Wasser gezogen wurde.

Dann sinkt er nieder, wird noch einmal zurückgeholt, sinkt wieder ... Wir hören Michael David Kwan zweimal sterben und dreimal ins Leben zurückkehren.

Als er wieder einigermaßen stabil ist, wird er an uns vorbei ins Krankenhaus gebracht, wo er später sterben und nicht zurückkommen wird; einfach nicht mehr da und stumm.

Am Klavier singe ich Tonleitern.

Tonleitern zu singen klingt nach etwas Unbedeutendem, Anspruchslosem: Als Nächstes kommen Reifröcke und Stickarbeiten.

Doch unsere Tonleitern sorgen dafür, dass wir da sind und nicht stumm.

Wir fangen mit der C-Dur-Tonleiter an, als eine Art Fundament. Der Klang ist jedes Mal lebendig und anders.

Die Lesung wurde natürlich abgesagt. Wir alle, Publikum und Autoren, liefen im Foyer durcheinander, dachten an Menschen, die wir gern anrufen würden, bei denen wir sein wollten, malten uns ihre Verletzlichkeit aus und unsere eigene.

Bei unserer Arbeit wird die Stimme in vier »Eigenschaften« unterteilt – zwei »männliche« und zwei »weibliche«, tief und hoch. Intellektuell kann ich diese Einteilung kaum nachvollziehen, aber beim Singen kann ich sie einwandfrei identifizieren, und die verschiedenen Stimmen regen zu ganz verschiedenen Arten an, Geschichten zu erzählen, jede für sich und Kombinationen daraus. Ich bin sechsundvierzig und weiß offensichtlich sehr wenig über mich oder sonst irgendwen, darüber, wie wir alle singen könnten und was verloren ginge, wenn wir nicht mehr da wären. Und wir werden nicht mehr da sein. Wir müssen alle gehen.

Sterben. Grandpop nannte es immer *Atemnot*. »Weißt du, woran er gestorben ist? *Atemnot*.«

Ich war nicht da, als mein Großvater starb. Ich kam zu spät. Mein Flugzeug landete ungefähr um die Zeit, als er mich verließ. Er lag in einem Krankenhausbett, sein Bruder saß neben ihm. Er wusste, dass ich unterwegs war.

Am Abend zuvor saß ich in einem Restaurant – Geschäftsessen – als plötzlich der ganze Raum schwankte und ich sein Parfüm roch und geschüttelt wurde. Ich glaube nicht an übernatürliche Phänomene, aber hätte ich einen Funken Verstand gehabt, wäre ich sofort zum Flughafen aufgebrochen, vielleicht hätte es noch einen Flug gegeben.

Aber ich glaube, ich hatte Angst, ihm gegenüberzutreten, weil ich befürchtete, nicht zu wissen, was ich sagen sollte.

Unverzeihlich.

Jetzt konzentriert sich das Singen auf eine Eigenschaft, wird meine Stimme zunächst höher hinauf ziehen, als ich eigentlich komme, in meinen Kopf und dann noch weiter, hoch in die Luft. Dann drehen wir um und steigen durch Kiekser und grässliche spitze Laute bis zu meinem eigentlichen Stimmumfang, und immer tiefer und tiefer und schließlich bis dahin, wo ich nur noch aus meinen Tiefen ausatme, wo keine Musik mehr übrig ist.

Als ich das zum ersten Mal tat – meine Lunge leeren – dachte ich an Michael David Kwan und den Klang seines Todes. Ich wusste, jetzt lauschte ich dem Geräusch, den mein Tod machen würde, dem ersten Laut, den ich nicht mehr hören würde, dem Ende meines Atems. Ich war nicht traurig, eher einsam und vielleicht müde.

Mein ganzes Leben lang habe ich Worte gesehen und gespürt und gehört, wie sie die Energien erprobten und umrissen und beschworen, die Leben retten und erleuchten. Meines haben sie gerettet. Immer wieder. Ich habe eine gute Ausbildung genossen, ich konnte als Kind in eine riesige, gutausgestattete Bibliothek gehen, ich lebte in einem Haus voller Bücher, und meine Mutter brachte mir das Lesen bei, noch bevor ich in die Schule kam. Als Kind einer alleinerziehenden arbeitenden Mutter konnte ich studieren, weil ich Förderung bekam.

Jetzt lebe ich in einem Land, wo die Beherrschung der eigenen Sprache immer schwerer zu erwerben ist. Bildung wird eingeschränkt, Bibliotheken schließen, die Wege zu den Worten werden von allen Seiten zugestellt. Es wird in Großbritannien vielleicht niemals Buchverbrennungen geben – wenn man die Bücher schon gestohlen hat, sind öffentliche Großfeuer gar nicht mehr nötig. Für viele wird es schwerer, wenn nicht unmöglich werden, die Codes zu knacken, durch die wir uns selbst unsere Geschichten erzählen; sie marschieren hinaus, Buchstabe für Buchstabe, um in unserer Abwesenheit für uns zu sprechen, um uns aufzuzeichnen, uns zu übersetzen, unsere Rechte wahrzunehmen, unsere Freuden zu feiern. In die Gedanken und Münder und Herzen anderer Menschen zu schlüpfen, wird womöglich bald nur noch bestimmten Menschen gestattet sein.

Es überrascht wahrscheinlich nicht, dass Stimmarbeit hierzulande nie zum Lehrplan gehört hat und allen frei zugänglich gemacht wurde. Öffentliche Redner, Anwälte, Industrielle und Politiker werden vielleicht in der Überzeugungskunst trainiert, manche Schulkinder werden angespornt, ihre Akzente abzulegen, doch das Erkunden der Stimme könnte für so viele Menschen so viel mehr tun. Abhängig von ihrer Ausbildung und ihrer Laufbahn müssen Schauspieler und Schauspielerinnen in jedem Fall ihre Stimme zumindest pflegen und erhalten, und es dürfte inzwischen auch klar geworden sein, dass ich von Schriftstellern das Gleiche verlange – aber ausdrucksfreudige Bürger, informierte und informierende Verbraucher, ein sprachbegabtes Wahlvolk – was würde geschehen, wenn unsere Stimmen so etwas losträten? Was wäre, wenn wir beim Schreiben und beim Sprechen kraftvolle, lebendige Freiheit fänden, die sich ungehemmt ausdrücken ließe?

Bei meiner letzten Sitzung arbeitete ich mich durch den üblichen Ablauf und war bei den aufsteigenden und dann wieder absteigenden Tonleitern angelangt. Diesmal trainierten wir einen Aspekt der weiblichen Stimme. Ich hatte alle tiefen Töne ausgeschöpft, die mir zu Gebot standen, und war ins reine Ausatmen abgesunken. Als Ros weiter immer tiefere Töne anschlug, atmete ich jedes Mal tiefer und tiefer aus, bis ich sie wieder hörte – die Wahrheit meines weichenden Atems. Aber diesmal kam es mir nicht vor, als würde ich sterben.

Nein, ich brachte mächtige Seufzer hervor, fast quälend: Mit weit geöffnetem Kiefer ließ ich einen Willen von den Fersen her aufsteigen und stieß ihn nach draußen.

Diesmal fühlte es sich wie rasende Wut an.

Es fühlte sich an wie Liebe und gebrochen sein und seltsam heilen, oder vielleicht auch gar nicht heilen, sondern wund und so lebendig bleiben wie noch nie und es beweisen, es hinausschleudern.

Hinterher setzte ich mich, und Ros gab mir wie immer Gelegenheit, darüber zu reden, was wohl passierte.

Was glaubst du, was geschieht?

Ich bin lebendig.

Ich schreibe dies zu einer Zeit, da vieles zerbrochen und weggenommen, da mit großem Druck versucht wird, unangemessene Münder zum Verstummen zu bringen. Doch es gibt so viele Münder, so viele neue und clevere und schnelle Wege, auf denen sie sprechen können, und so viel Leidenschaft treibt ihren Erfindungsreichtum an. Überall auf der Welt können wir vielleicht den Anfang einer Geschichte lesen, in der Menschen, die nichts zu verlieren haben, zu schreiben und zu sprechen und zu schreien beginnen, so unaufhaltsam, dass sie andere Menschen werden und die Welt verändern.

Das könnte eine Geschichte sein, in der wir beschließen, das Gegenteil von Selbstmord zu werden, uns nicht gegenseitig umzubringen.

Das hoffe ich.

Ich hoffe, wir können lernen zuzuhören, und auch zu singen.

Ich weiß, dies ist eine Stimme. Meine Stimme. Und auch deine. Zusammen sind wir hier und jetzt lebendig – so laut wir wollen, und alles ist möglich – sind wir hierin lebendig.

Uns das wegzunehmen, wäre die schlimmste und lähmendste Form der Zensur – Bücher ungeschrieben machen, noch bevor sie geschrieben sind, den Geist zum Schweigen bringen und die Worte stehlen, die sagen könnten: »Ich liebe dich.« »Ich sterbe.« »Das muss aufhören.«

Aber hier bin ich.

Hier bist du.

Hier sind wir.

Und so lange wir das haben, kann jede Geschichte verändert, erfunden, wiederholt werden, bis sie sich selbst wahr macht. Wir können uns erinnern, dass wir tatsächlich wir selbst sind, und dass Freiheit nötig ist, wenn wir wirklich wir selbst sein wollen, und Phantasie, Würde, die Gelegenheit zu sprechen.

Hier bin ich.

Hier bist du.

Hier sind wir.

Words

Eine Solo-Performance

Am Anfang war ... eine kleine Person, die zum Murmeln neigte.
Am Anfang waren ... die Lippen die Zähne die Zungenspitze
und der Gedanke an die Gestalt des Geschmacks einer Idee.
Am Anfang war ...
Es ist der 23. Januar 2008, und ich bin in London. Sie kennen
ja London – schillernde Charaktere, die Cockney sprechen, das
glitzernde West End, ganz und gar vertrauenswürdige Banker mit
kleinen runden Hüten ...
Es ist der 23. Januar 2008, und es ist vier Uhr morgens. London
hat zu. In ganz Chinatown bin nur ich auf, und so eine Frau, die
in einem Hauseingang sitzt und Crack raucht, und weil ich glaube,
dass man in London nur überleben kann, wenn man so tut, als sei
man Teil eines Romans – von Dickens – grüße ich sie, als wäre sie
ein keckes Gassenmädchen.
»Guten Morgen, Crackhure.«
»Morgen, gnädige Frau.«
Das ist das vernünftigste Gespräch, das ich seit Stunden geführt
habe – weil ich letzte Nacht einen Buchpreis gewonnen habe und
seitdem von Journalisten unablässig gefragt werde: »Wie fühlen Sie
sich?«
Journalisten sind sehr emotionale Menschen – ständig wollen sie
wissen: »Wie fühlen Sie sich?«
»Sagen Sie, als Ihre gesamte Familie in diesen Mähdrescher ge-
rissen worden war und ihre blutigen Überreste von außerordentlich hässlichen Hunden zerfleischt wurden – was war das für ein
Gefühl?«
Ich habe keine Ahnung, wie ich mich fühle, und außerdem lenkt
mich die andere Frage ab, die sie dauernd stellen, nämlich: »Was
werden Sie mit dem Geld machen, Al?«

Ich habe den unwahrscheinlich starken Drang zu antworten: »Alles für Pringles und Sex ausgeben.«

Was nicht stimmt, aber in meinem Hinterkopf dreht sich so eine Geschichte immer und immer wieder im Kreis, wiederholt sich, also werde ich es irgendwann glauben. Und sagen, wahrscheinlich live vor Fernsehkameras.

Und warum fühle ich eigentlich nichts? Ich habe gerade einen Preis gewonnen. Wenn ich mich schon nicht für mich selbst freuen kann, dann doch wenigstens für meine Worte, die haben gerade einen Preis gewonnen ... Soll das heißen, das ist jetzt wie eine schlechte Ehe, wo wir nebeneinander im Dunkeln liegen, nachdem wir miteinander Absätze gemacht haben, und womöglich ist es mir peinlich, dass ich im entscheidenden Augenblick den Titel eines anderen Buches ausgerufen habe ...

Ist es so weit gekommen?

Okay – also – ich werde versuchen, mich zu erinnern, wann das alles anfing: die Wörter und ich. Was war zum Beispiel mein erstes Wort?

Das weiß ich. Das erste Wort, das ich sprach, war *nein*. Deutliches Anzeichen einer calvinistischen Kindheit. »Nein.« Dauernd sagten es Menschen zu mir – *Nein* – Aha, aber jetzt gab ich es zurück.

»*Nein*. Ich sage *nein* zu eurem *nein*. Ich bin ein kleiner, aber unglaublich entschlossener Mensch, und wenn ich groß bin, werde ich womöglich sogar ja sagen – wahrscheinlich zu sehr schrägen Sachen, die ich später bereuen werde – aber ich werde es trotzdem sagen. Ich werde eine *positive Schottin* sein. Jawohl ... Andererseits, wenn ich es mir recht überlege, wird mein zweites Wort doch nicht *ja* lauten ... sondern *HOCH*, glaube ich.«

Und das war tatsächlich mein erstes Wort – *hoch*. Ich ging auf alle Menschen zu, die größer waren als ich – also auf alle – und sagte: »Hoch.«

»Nein.«

»Hoch.«

»Nein.«

»Ho-oo-och!«

165

Ich war ein frustriertes Kind. Und natürlich war ich, da ich ja später Schriftstellerin sein würde – ein Problemkind. Sie haben ja keine Ahnung, welche Probleme eine Vierjährige hat, die ausschließlich Schwarz tragen will. Es gibt in den Kinderabteilungen kein Gothic-Sortiment. Das habe ich überprüft. Um mich interessanter zu machen, versuchte ich es mit Hinken. Damit die Leute mich anschauten und sagten: »Ach, für ein gehbehindertes kleines Mädchen macht sie das doch ganz gut.«

»Ja. Genau, mache ich. Ich bin unglaublich tapfer.«

Ich überlegte wegzulaufen. Aber ich wäre nicht weit gekommen mit meinem schrecklichen Hinkebein. Also saß ich in Dundee fest. Wo ich geboren war. Das ist ungefähr so, als wäre man Ende der 1750er Jahre geboren, nur ohne den Unterhaltungswert von Cholera und öffentlichen Hinrichtungen. Dundee. Die Stadt des Comicmagazins *The Dandy* – das wurde hier gedruckt – und von *The Beano* und *Just Seventeen* ... und *The People's Friend*. Wie kann ich den typischen Leserbrief an den *People's Friend* am besten zusammenfassen?

»Lieber People's Friend*, seit 1953 bin ich dabei, mir einen Ehemann zu stricken. Mir fehlt nun nur noch ein Knäuel hautfarbener vierfädiger Sirdar-Wolle, um die letzten Feinheiten anzubringen. Vielleicht können Ihre Leser mir weiterhelfen? Mit freundlichen Grüßen, Ungeduldig aus Brechin.«*

Nicht einfach Dundee, sondern Dundee in den 1970ern – das hieß Stromausfälle, Cybermänner bei *Dr. Who* im Fernsehen, die mit futuristischen Waffen das ganze Stadtzentrum plattmachen konnten, Bezirksräte, die das Stadtzentrum ebenso plattmachen konnten, allerdings mit, tja, wer weiß, höchstwahrscheinlich mit Hilfe von Freunden und Verwandten aus der Baubranche – ich meine, wundert es Sie auch nur ein bisschen, dass ich mir alternative Realitäten auszudenken begann? Irgendwann träumte ich tatsächlich davon, ins gute alte London durchzubrennen, wo ich als keckes Gassenmädchen durch Seitenstraßen und Hinterhöfe tollen würde. Zum Herumtollen braucht man nur wenige Qualifikationen. Und dann würde ich armen Leuten ihre echten Zähne klauen, um daraus falsche Zähne für Reiche zu machen. In der Vergangenheit kannte ich mich aus – ich wollte darin leben, darum hatte ich recherchiert. Ich wusste, in der Vergangenheit machten die Menschen aus allem Möglichen medizinische Prothesen – George Washington: Zähne aus Holz. Tycho Brahe – das war ein Astronom des 16. Jahrhunderts, ich war ein frühreifes Kind – hatte eine Nase aus Metall. Sie machten gern alles Mögliche aus Metall: Metallarme, Metallknie, Metallellenbogen.

»Und, wie gefallen Ihnen Ihre Metallfüße?«

»Gar nicht. Sie sind schwer und metallisch, und sie scheppern.«

»Und was ist mit Ihrer Metallnase? Wir haben einen Klöppel eingebaut, sodass sie jedes Mal, wenn Sie den Kopf schütteln, bimmelt wie eine Glocke. Zwei zum Preis von einer!«

»Ich kann also nicht mal angewidert den Kopf schütteln, ohne dass ich mich wie ein Katzenspielzeug anhöre …«

Ich wusste genau, so hätte das durchschnittliche altenglische Gespräch geklungen:

»Heda, guter Herr – was liegt Ihr rücklings auf der Gasse herum?«

»Nun wohl, mein Karamellbein ist geschmolzen, und gleich darauf ist meine Glaskrücke zerborsten. Ich fürchte, ich muss auf ewig hier liegen bleiben, sollte mir keine Hilfe zuteilwerden.«

»Leider Gottes, guter Herr, kann ich Euch keine Hilfe bieten, denn mein Rückgrat ist gänzlich durch Baumwollstreifen ersetzt.«

Ja, sicher, das ist Quatsch. Aber wo wären wir ohne Quatsch? In Dundee.

Die phantasierte Vergangenheit war einer meiner Glücksorte. Und wie all diese Orte – Gallifrey, Mittelerde, das Land des grünen Ingwers – lag es hier drinnen, in meinem Kopf.

Und hier drinnen wurde es immer glücklicher und reicher, denn meine Mutter brachte mir schon das Lesen bei, bevor ich zur Schule kam – das war gut –, jedenfalls bis ich in die Schule kam und feststellte, dass niemand sonst lesen konnte. Also tat ich so, als könnte ich es nicht, und Rechnen konnte ich tatsächlich nicht, was mich verkrampfen ließ. Und wenn ich verkrampft bin, mache ich mich krumm, als hätte ich einen Buckel … und das Hinken hatte ich mir ja auch schon zugelegt, und der Ganz-in-

Schwarz-Look stand mir auch ziemlich gut ... also, im Grunde sah ich während meiner gesamten Grundschulzeit aus wie ein winziger Richard III.

Nun ward die Große Pause meines Missvergnügens ...

Meine Eltern wollten natürlich, dass ich normal bin. Doch eines ihrer erwachsenen Worte lenkte sie ab – SCHEIDUNG. Sie bekamen eine – das war gut, weil sie einander nicht leiden konnten, aber das bedeutete, dass meine Mutter und ich eine Weile in einer Art Mobilheim in Arbroath lebten. Das ist im Grunde ein großer Holzschuppen mit einem potentiell tödlichen Gasofen. Und wenn Sie noch nie in einem großen, feuchten Schuppen gestanden, etwas zu viel Kohlenmonoxid eingeatmet und durch den Schneeregen auf die Leuchtreklame des »*Pleasure Land*« geschaut haben – dann können Sie nicht in vollem Umfang begreifen, wie grausam Worte sein können.

Damals allerdings habe ich manche Wörter auch noch nicht ganz verstanden. Aber ich wusste, dass ich sie mochte. Ich erinnere mich, im Fernsehen *Drei Schwestern* gesehen zu haben. *Drei Schwestern* ist, wie Sie wissen, ein Stück von Tschechow, in dem drei Schwestern einen Großteil ihrer Zeit damit verbringen, in die Ferne zu starren und zu sagen:

»*Nach Moskau, nach Moskau ...*«

Und ein bisschen denkt man: »Ihr dösigen Kühe, geht doch einfach zum Bahnhof und sagt das zu dem Mann am Schalter – ›Nach Moskau, nach Moskau – drei Rückfahrkarten, bitte, und wir haben einen Familienpass, wir sind nämlich Schwestern.‹«

Aber ein bisschen versteht man es auch – das *nach* ... Anderswohin zu wollen, jemand anders sein zu wollen, irgendwas anderes zu tun als das, was man gerade tut. *Nach.* Sie verstehen es.

Und ich bekam mein *nach.* Ich ging an die Universität. Wo ich Theaterwissenschaften und Schauspiel studierte – nicht Englisch – weil ich schon verstanden hatte, dass es für mich sicherer sein würde, die Worte anderer Menschen auszusprechen als meine eigenen zu schreiben. Erinnern Sie sich, als Sie noch ein Kind waren? Wenn Sie da eine tolle Geschichte im Kopf haben, dann platzen Sie fast davon – da ist ein Mann und der sitzt in einem Schrank und trinkt

Tee und dann kommen so Schlangen – aus dem Weltall … und noch besser könnte die Geschichte nur werden, wenn Sie sie jemand anderem in den Kopf pflanzen würden, dann wäre sie noch größer, also suchen und suchen Sie, bis Sie jemanden finden, dem Sie Ihre Geschichte erzählen. Und Ihre Geschichte macht denjenigen glücklich, und das macht Sie glücklich, und alle sind glücklich. Und dann werden Sie ein bisschen älter und haben eine andere Geschichte im Kopf, und der Mann trinkt Fruchtsirup und isst einen Keks, und dann sind da wieder Schlangen und eine Eidechse, die Ihre Gedanken lesen kann … also suchen und suchen Sie, bis Sie jemanden finden, dem Sie Ihre Geschichte erzählen können, und dann sagt derjenige …

»Nein. Erzähl keine Märchen. Du sollst dir keine Sachen ausdenken, dafür bist du zu alt.«

Da bricht ein kleines Stück von Ihnen ab, zerfällt zu Staub und weht weg.

Aber dann gehen Sie zur Schule, und – das hatte ich sehr schnell begriffen – wenn Sie zur Schule gehen und Ihre Geschichte dort aufschreiben, dann *müssen* die Lehrer sie lesen. Dafür werden sie bezahlt – also schreiben Sie die Geschichte über den Mann und die Kekse und den Fruchtsirup und die Schlangen auf und geben sie ab und warten … minutenlang, stundenlang, tagelang …

Dann bekommen Sie die Geschichte zurück … und sie ist überall mit Rot gesprenkelt, so als würde sie bluten. Sicher, liebe Lehrer, Sie sollen es mir sagen, wenn meine Geschichte nicht gut ist, damit ich sie besser machen kann, aber wenn Sie es mir nicht auf die richtige Weise sagen, dann bin ich noch viel zu jung, um zu sagen – *Hey, okay. Das habe ich gebraucht.*

Ich war nun also Schauspielstudentin, vielen Dank auch, und als solche gewöhnte ich mich daran, unglaublich dummes Zeug ohne besonderen Grund zu machen. Doch dann kam eines Tages eine Gastlehrerin, um uns zu belehren, und sie versammelte uns alle – alle achtzehn, glaube ich, der Kurs war jedes Semester überbelegt, Theater hat so viele Anknüpfungspunkte im wahren Leben – sie holte uns also alle achtzehn zusammen und gab jedem von uns ein Wort eines Satzes aus einem Roman – von Dickens. Wir stellten

169

uns in einer Reihe auf, und jeder sagte sein Wort, und es klang grauenhaft. Wie ein kleiner Hund, der Husten hatte – wie achtzehn Menschen, die achtzehn verschiedene Wörter aus achtzehn verschiedenen Büchern aus achtzehn verschiedenen Nicht-Paralleluniversen sagen.

Und dann sagte sie: »Das Wort, das ihr eben hattet – das ist jetzt *euer Wort*. Die nächsten drei Stunden werdet ihr an *eurem* arbeiten.«

Mein Wort war »*the*«.

Und wie wir mit unseren Wörtern arbeiteten. Wir flüsterten sie, wir sagten sie einander, wir legten uns auf den Boden und flüsterten sie wieder, wir schrien sie, wir mussten uns eine Geste für unser Wort ausdenken …

Ich war nicht zufrieden.

Doch nach drei Stunden holte sie uns wieder zusammen und stellte uns in einer Reihe auf, wir – einer nach dem anderen – sagten unser Wort, und es klang wunderschön. Es klang, als ob der Satz sich selbst sagte. Es war musikalisch und sinnfällig, und ich dachte: *Das will ich.*

Ich habe keine Ahnung, was das ist – eindeutig nicht –, ich hatte drei Stunden gebraucht, um bis an den Rand des Anfangs oder des Beginns des Verständnisses vom bestimmten Artikel vorzudringen. Ich weiß nichts über gar nichts. Aber eins weiß ich – *das will ich.* Das ist die Schönheit der Sache selbst, ihr wahrer Name. Ich wusste nicht, dass Wörter einem das gaben.

Ungefähr zur gleichen Zeit erzählte mir jemand, wenn man ein klassisch ausgebildeter Schauspieler würde und bestimmte Rollen spielte, klassische Rollen, Shakespeare – dann würde man wahrscheinlich die Gestalt ändern. Denn Shakespeare ist ein bisschen eigen damit, wann er den Schauspielern zu atmen gestattet – darum bekommt man einen Oberkörper, der eine Variation des Themas Opernsänger darstellt.

Ich fasse zusammen: Wir haben hier einen Mann, den Sie niemals persönlich kennenlernen werden – einen Toten –, aber er kann Ihre Form verändern. All diese Wörter in all diesen Köpfen in all diesen Mündern. *Das will ich.*

Aber ich hatte auch schon herausgefunden, sollte ich wirklich in Richtung Schauspiel gehen, könnte ich bestenfalls erwarten, gelegentlich auf die Bühne zu stolpern und zu sagen …

»Ihr Ross wartet heraußen, Mylord. Vielen Dank.«

Und das würde mich nicht glücklich machen. Und auch sonst niemanden. Also ging ich nach Hause. Nach Dundee. Noch dazu auf dem Arbeitsmarkt nicht vermittelbar. Obwohl ich es versuchte. Ein Ratschlag: Egal, wie verzweifelt Sie sind, egal, wie tief Sie sinken, werden Sie nie Kinderpuppenspieler. Das ist eine furchtbare Beschäftigung. Sie stecken in einem stickig-heißen Leinwandquader fest, während unbeaufsichtigte Kinder versuchen, die Leinwand durchzuschneiden und Ihnen in die Füße zu stechen, und Sie können sich kein bisschen wehren, weil Ihre Hände in liebenswerten Waldtieren gefangen sind. Sie können einem Kleinkind keinen Faustschlag versetzen, wenn Ihre Hand in einem Eichhörnchen steckt, das merkt es einfach nicht.

Wenn wir nach Hause kamen – Herr Flauschig und Herr Eichhörnchen und ich – fragten wir einander nicht: »Wie war dein Tag?« Ich konnte auch nicht in Boheme-Cafés herumsitzen, Kaffee schlürfen und mit den Kellnern flirten oder mir einen Absinth zu stricken versuchen. Weil ich in Dundee war. Nein, ich saß im Bett, um mich warm zu halten, und las Bücher über Leute, die im Bett saßen, um sich warm zu halten, und Bücher über Leute schrieben, die im Bett saßen, um sich warm zu halten.

Dann fing ich an zu denken, und dann fing ich an zu schreiben. Also. Wer trägt im Bett Schuhe? Niemand. Wer trägt – außerhalb schlechter Pornos – im Bett Socken? Niemand. Also war ich barfuß. Und wenn man barfuß anfängt zu schreiben, dann gewöhnt man sich an, barfuß zu schreiben, und dann fühlt man sich wohl, wenn man barfuß schreibt, und dann wird man abergläubisch, was das Barfußschreiben angeht, und bald schon glaubt man, dass man nichts Bedeutsames mit Worten anfangen kann, wenn man nicht barfuß ist.

Stellen Sie sich mal vor, wie praktisch das in den letzten fünfundzwanzig Jahren meiner Karriere, wie ich das scherzhaft nenne, gewesen ist. Ich arbeite oft in Zügen. Und in Universitäten. Und zu

Hause könnte ich auch schlicht Frostbeulen bekommen und einen Zeh verlieren.

Aber da bin ich nun, ich lese barfuß, und dann schreibe ich barfuß und bin ganz erleuchtet. Ich weiß gar nicht wieso – nur dass ich für niemanden irgendwas nütze bin, nicht mal für mich selbst, aber wenn ich schreibe, dann komme ich an Orte, wo ich nie gewesen bin, und ich kann zu Menschen werden, die ich nie sein werde, und Dinge tun, die ich nie getan habe. Noch nicht. Und das ist der Anfang von Macht.

Überspringen wir drei Jahre voller »Nein, Ihre Geschichte gefällt uns nicht.«

»Nein, wir können Ihre Geschichte nicht ausstehen.«

»Nein, wir können Sie nicht ausstehen.«

Dann werde ich endlich veröffentlicht. Ich werde veröffentlicht – ein ganzes Buch. Und ich muss nach London fahren und mit meinem Lektor *lunchen* – ich habe einen Lektor! – und das Restaurant, wo wir Mittag essen, ist so fein, dass der Kellner einem die Speisekarte vorliest, weil man als Gast viel zu beschäftigt ist, um noch selbst zu lesen. Ich aber lese gern selbst, und ich bin auch nicht fein. Ich lebe derzeit von Kartoffeln und Käse, den mir meine Oma schickt, weil sie ihn umsonst aus dem Milchsee der EG fischen darf – wenn man in den 1980ern genug Rentner kannte, konnte man ganz gut leben … Dennoch: Ich werde veröffentlicht.

Das geht so weit, dass sogar ein Autorenfoto von mir gemacht wird – auf dem ich nicht lächeln darf, weil es sonst aussieht, als hätte ich ein Zirkuspferd verschluckt, das jetzt wieder herauskrabbeln will. Hat man mir geraten. Ich bin in mein Verlagshaus gegangen, und dort heißen tatsächlich alle Miffy oder Muffy oder Buffy, und man möchte tatsächlich fragen: »Gibt es hier eigentlich irgendwen, der kein Weihnachtswichtel ist?« Dennoch: Ich werde veröffentlicht.

Und dann stellt sich im Restaurant – Sie erinnern sich? Das Restaurant? – heraus, dass ich die Suppe falsch verstanden habe, und als sie serviert wird, besteht sie in Wirklichkeit aus kalter Avocado und Schinkenspeck – und wenn man sich das mal vorstellt, ist es kalt, salzig, grünlich-grau … im Grunde so, als würde man fremder Leute Rachenschleim trinken … Dennoch: Ich werde veröffentlicht.

Nicht, dass ich davon leben kann – dafür leite ich Workshops. Das macht man, wenn man noch nicht richtig schreiben kann: Man leitet Workshops für andere Leute, die noch nicht richtig schreiben können, und hofft, dass sie noch ein bisschen weniger richtig schreiben können als man selbst.

Ich war einfach nur verblüfft, Arbeit zu haben, aber dann war ich noch einmal ganz neu verblüfft, weil ich mit Menschen in psychiatrischen Kliniken und Gefängnissen und Tagespflegeeinrichtungen und Altenheimen arbeitete – wie zum Beispiel in dem einen, wo ein Schild an der Wand hing mit der Aufschrift »Heute ist Mittwoch« – und zwar an jedem Tag der Woche. Immer und immer wieder wurde es wiederholt, bis ich es selbst für die Wahrheit hielt.

Die Menschen, mit denen ich arbeitete, hatten nicht mal richtige eigene Namen: Sie waren Gruftis oder Knackis oder Spastis – aber wenn man anfängt zu schreiben, darf man seinen richtigen Namen selbst bestimmen, und die Worte, um zu sagen, was man braucht und was man will. Und man lebt in interessanten Zeiten – denn wenn Sie einen Menschen treffen, der Sie eigentlich nicht für einen Menschen hält, dann zeigen Sie ihm das Gedicht nicht, das Sie geschrieben haben, denn ein Gedicht ist etwas zutiefst Menschliches, was ihn womöglich verstören könnte. Aber manchmal … tun Sie es einfach – Sie entkommen aus Ihrem eigenen Kopf, schaffen einen größeren, glücklicheren Ort.

Wie die Dame, mit der ich an einem Theaterprojekt gearbeitet habe: Wir ersannen Figuren und Szenen. Sie war sehbehindert und sehr still. Sie kam in ein Zimmer und schob sich an den Wänden entlang und sagte nichts, und dann setzte sie sich einfach hin. Sie beschloss, die Rolle einer nymphomanischen Flugbegleiterin und Laufstegmodels zu spielen. Und weil mir das Vertrauen fehlte, versuchte ich, sie davon abzubringen. Doch sie ließ sich nicht abbringen.

Wir hatten unsere erste Probe, dann die zweite, ich wollte gerade zum Ende kommen, da unterbrach sie mich und sagte: »Ich habe einen Model-Gang. Ich möchte Ihnen zeigen, wie ich wie ein Model gehe.« Sie stand auf – diese Frau, die nie etwas sehen konnte – und ging wie ein Model einmal quer mitten durch den Raum, dann legte sie eine Drehung wie auf dem Laufsteg hin und ging wieder zurück. Ihr war kein bisschen unklar, wer sie war – sie wusste es genau. Und sie wollte mehr davon sein.

Wenn also Leute auf mich zukommen und sagen:»Ach, Sprache ist doch eigentlich bedeutungslos. Wenn ich das Wort *Stuhl* ausspreche, meine ich damit etwas völlig anderes als Sie, wenn Sie *Stuhl* sagen ...«

Dann kann ich damit ehrlich gesagt überhaupt nichts anfangen.

Erster Punkt: Was genau verwenden Sie da, um mir mitzuteilen, dass Sprache bedeutungslos ist?

Zweiter Punkt: Ihr Stuhl macht Sie glücklich, mein Stuhl macht mich glücklich, und sollten wir noch mehr stuhlbezogene Informationen benötigen, steckt die im umgebenden Satz oder Absatz oder – Gott bewahre – in einem ganzen Buch zum Thema Stuhl. Und ich glaube übrigens, wenn ich in Wittgensteins Arbeitszimmer gerannt käme und »Feuer!« schrie, würde er wohl kaum fragen: »Was genau meinen Sie damit?« ...

Nein. Er würde auf schnellstem Weg aus dem Gebäude hechten wie alle anderen auch. Und wenn nicht, würde die natürliche Auslese ihn grillen.

Worte sind Macht – das ist ein Klischee, aber ein wahres. Warum sonst würden Diktatoren sich die Mühe machen, Dichter einzusperren – das tun sie nicht nur, weil Dichter so unerträgliche Menschen sind. Politiker wissen, wir sind leichter zu handhaben, wenn sie unsere Worte haben, und wir ängstlich und allein und stumm sind.

Aber wir Menschen können mit Worten umgehen: Wir brauchen bloß eine halbe Chance, eine Viertelchance, irgendeine klitzekleine Chance, und schon greifen wir zu. Wir kommen sogar mit sehr seltsamen und subtilen Bedeutungen zurecht. Wenn Sie zum Beispiel mit jemandem im Restaurant sitzen – ein Tisch für zwei –, und der andere Mensch greift nach Ihrer Hand und sagt zu Ihnen: »Du bist ein ganz besonderer Mensch«, dann wissen Sie, was das bedeutet. Wir wissen alle, was das bedeutet – Sie kriegen den Laufpass. Die Bedeutung ist umgekehrt, es heißt, der Mensch verlässt

Sie, ändert seine Telefonnummer, heiratet jemand anderen – aber das kann er Ihnen nicht sagen, weil sein Rückgrat gänzlich durch Baumwollstreifen ersetzt wurde.

Werbeleute, Rechtsanwälte, Meinungsmacher … Lügner – die halten uns für blöd. Aber wir kriegen es heraus. 1983 hat zum Beispiel ein Wortschöpfer – wenn man so will – den Ausdruck *wiederholte Anwendung legitimer Gewalt* geprägt. Eine wirklich gute Beschreibung.

Wiederholte – das ist ein langweiliges »Immer-wieder«-Wort.

Anwendung – das ist langweilige »Immer-wieder«-Bürokratie oder Bedienungsanleitung.

Legitimer – das ist legal und gut und schön, auch langweilig bürokratisch.

Gewalt – na ja, das ist ein bisschen beängstigend – aber was soll das im Amt oder in der Bürokratie schon heißen: sich am Papier schneiden, eine Rauferei in der Kosten- und Abrechnungsstelle?

Wiederholte Anwendung legitimer Gewalt – mit dieser Formulierung erklärte 1983 ein Sprecher der US-Armee, wie jemand in Gewahrsam immer wieder geschlagen wurde, so lange, bis er tot war.

Wir kriegen es heraus.

Und es geht nicht bloß um die großen Manipulationen – auch um die vielen kleinen Wörter, die einsickern, immer und immer wieder.

Meine Mutter ist vor kurzem in ein pittoreskes südenglisches Dorf gezogen, wo der örtliche Zeitungshändler den *Courier & Advertiser* aus Dundee nicht führte. Sie ließ sich also von ihm beraten und ein beliebtes Boulevardblatt liefern, was sie, verehrte Damen und Herren, genau eine Woche lang aushielt. Nach sieben Tagen waren ihre Ängste auf ein Niveau gestiegen, das sie zum Aufhören zwang – wenn sie morgens zur Haustür ging, hoffte sie schon, beim Öffnen sofort eine schwarze, lesbische, polnisch-französische, alleinerziehende, präoperativ transsexuelle Zigeunermutter vor sich zu haben, damit sie all ihren eingebleuten Hass auf einmal loswurde und noch genug Zeit zum Einkaufen hatte.

All diese Worte, die ständig wiederholt werden: Diese Menschen sollten Sie noch mehr hassen – diese Menschen sollten Sie noch

mehr fürchten – von diesen Menschen sollten Sie noch mehr über-
wacht werden – Krieg ist eine traurige Notwendigkeit. Immer und
immer wieder, bis wir sie wahr werden lassen.

Was in gewisser Weise politisch inkorrekt ist. Andererseits bin
ich mir bei der politischen Korrektheit auch nicht so sicher. Ich
weiß ja nicht, wie es Ihnen geht, aber ich möchte gern, dass Feu-
erwehrleute ein Feuer abwehren können – denn Feuer ist etwas
Schlimmes, dafür kann es ja nichts; einfach bloß herkommen und
streng mit dem Feuer sprechen wird nicht viel nützen. Man muss
es schon bekämpfen.

Ich habe die letzten Minuten meines Großvaters um eine halbe
Stunde verpasst, weil ich nicht in der Lage war, die Worte *ziemlich
schlecht* als *könnte jeden Augenblick sterben* zu interpretieren.

Die Wahrheit – die brauche ich. Damit kriegt man was erledigt.

Václav Havel, ein großer Schriftsteller, war der Ansicht, wenn
nur genug Menschen in der Tschechoslowakei sich die Geschichte
erzählten, dass der Kommunismus in der Tschechoslowakei vorbei
sei, und wenn sie selbst in der Geschichte darüber vorkämen, dass
der Kommunismus in der Tschechoslowakei vorbei sei, dann wäre
der Kommunismus in der Tschechoslowakei vorbei. Und es funktionierte. Er nannte die Geschichte *Die Macht der Machtlosen*.

Raphael Lemkin – ein Mann, von dem nur sehr wenige Menschen gehört haben. Er hat das Wort Genozid erfunden. Er hat
dafür gesorgt, dass es ins Lexikon kommt, damit er weiter daran
arbeiten konnte, den Völkermord zu bekämpfen und zu besiegen.
Er hat den Begriff definiert, er hat den richtigen Namen für das
Verbrechen gefunden, damit er es beenden konnte.

Große Schriftsteller. Sie haben ihren Anteil daran, dass der Beruf
so ein hohes Ansehen genießt. Und es stimmt, es ist eine wunder-
bare Aufgabe. Aber wenn man es sich genauer überlegt, wird ein
gewisser Prozentsatz der Schreibenden immer aus Menschen wie
mir bestehen, und Menschen wie ich können das Schreiben im
Handumdrehen belanglos und narzisstisch werden lassen.

Als ich zum Beispiel mal in Schweden war, da dachte ich mir:
»In Schweden könnte ich ganz groß rauskommen – ich meine, was
ist hier schon los? Abgesehen vom Nobelpreis für Literatur ...«

Und dann habe ich eine Lesung in Stockholm, die richtig gut läuft, und hinterher steht eine lange Schlange von Leuten an, die meinen Namen in ihre Bücher geschrieben haben wollen. Eine Frau steht in der Schlange, arbeitet sich allmählich zu mir heran, und als sie vor mir steht, bittet sie: »Können Sie mir etwas Ermutigendes hineinschreiben?«

Da denke ich: »Ich könnte nicht nur groß rauskommen in Schweden. Ich könnte sogar eine Art Guru für Schweden allüberall werden.« Und ich sage zu ihr: »Ach, haben Sie gerade schwere Zeiten hinter sich?«

Nein, nein – es ist nur so, dass ich das Buch schon drei Mal angefangen habe, und ich kriege es einfach nicht durch.

Das ist ja auch vollkommen in Ordnung. Ich bin hier, damit sie sich besser fühlt, nicht umgekehrt.

Das Leben einer Schriftstellerin – mit Menschen streiten, die ich mir vorher in betäubender und erzwungener Einsamkeit ausgedacht habe, um damit Fremde zu erfreuen, die ich wahrscheinlich niemals treffen werde und wahrscheinlich auch nie treffen sollte.

Aber solche Geschichten sollten Sie sich selbst nicht erzählen, sonst glauben Sie noch daran, und dann müssen Sie los – auf Festivals, Lesungen, zum öffentlichen Öffnen bedeutender Briefumschläge. Bei solchen Gelegenheiten möchte ich immer geistreich und freundlich und weise wirken, doch mein Rückgrat ist gänzlich durch ein Xylophon des Schmerzes ersetzt wurden, und manchmal würde ich meine Reisen auch gern zum Flirten nutzen. Für Romantik.

Ihr ungläubiges Schweigen macht Ihnen keine Ehre, verehrtes Publikum.

Woanders bekomme ich auch keine Unterstützung.

»Sind Sie A. L. Kennedy?«

Ja.

»Sind Sie ein Mann?«

Nein.

»Aber Sie haben einen Männerberuf.«

Hm, nein, ich würde meinen, diese Tipperei steht Personen jeglichen Geschlechts offen, aber ich ahne schon, wohin das führt …

»Sind Sie lesbisch?«

Nein. Aber danke der Nachfrage ...

»Na ja, Sie sind jedenfalls zur Lesung im großen Zelt aller vereinten Schwulen und Lesben eingeteilt.«

Und das wird sicher ganz reizend, wenn auch unpassend, da ich bereits im Vorfeld erwähnt habe, dass ich selbst nicht homosexuell bin. Ich freue mich sehr, dass es einen großen, bunten Regenbogen sexueller Orientierungen und Formen der Liebe gibt. Es gibt auf der Welt – und ich weiß das aus eigener bitterer Erfahrung – nicht genug Liebe. Aber in meinem Fall gilt diese Art der Liebe Männern.

»Dann müssen wir wohl das Programm umschreiben.«

Besser, als dass ich mein Leben umschreibe.

Mögen alle Engel und Gnadenbringer mich vor den Festivalpartys bewahren, wo ich in Abwesenheit falsch dargestellt wurde und dann die entscheidenden ersten zwanzig Flirtminuten in einer Ecke in der Falle sitze – mit einer, zugegeben, sehr netten und ernsten jungen Frau mit kurzen Haaren, die mir von ihrem *Outward-Bound*-Kurs erzählen will, der bei ihrem Selbstbewusstsein Wunder gewirkt hat, denn wenn ich mich endlich von ihr losreißen kann, ist niemand mehr für mich übrig. Außer den Tweedträgern, die mich »Schreibdame« nennen – oder Kerlen wie dem, der zu mir sagte: »Ach, Sie sind so klug, ich möchte am liebsten Ihr Hirn küssen.«

Und nach so viel Spaß und Unterhaltung erwartet man von mir, dass ich nämlich wie nach Hause komme? Mit dem Flugzeug. Was ist ein Flugzeug? Der Tod mit Imbiss. Noch ehe man überhaupt an Bord geht, kriegt man schon die Fingerabdrücke abgenommen, wird durchsucht, fotografiert, angebrüllt – das ist im Grunde wie der erste Tag im Knast, nur ohne den Sex.

Und zu Hause warten wieder Wörter. Wie ist das, mit Wörtern zu arbeiten? Ein bisschen so, als hätte man eine unendlich große Kiste mit einer unendlichen Anzahl kleiner, womöglich pelziger Kreaturen – so ähnlich wie Hamster – und wollte die dann in der richtigen Reihenfolge anordnen – *bleib sitzen* – eine nach der anderen – *lass das* – und sie hoffentlich dazu bringen, dass sie in dieser Reihenfolge ihren Namen sagen – *hör jetzt damit auf!* –, sodass jemand anders als man selbst es verstehen kann, und ohne dass man *mit dem Hammer draufschlagen muss.*

Und die ganze Zeit hört man sie denken: »Hast endlich deine Stimme gefunden, was? Wie wär's, wenn du beim nächsten Mal auch ein paar Figuren findest, und eine Handlung? Ah, und ein paar Preise hast du auch gewonnen … dann wirst du wahrscheinlich nie wieder was schreiben. Oder noch besser: Du wirst – aber es wird alles scheiße sein.«

Nicht mal Preise kann ich richtig gewinnen. Der schönste Preis, den ich je gekriegt habe, kam von der Lannan Foundation – das sind gute Menschen, eine amerikanische Stiftung, die rufen Sie einfach an und erzählen Ihnen, dass sie Ihnen (so lautet der Fachausdruck) einen Riesenhaufen Knete geben werden. Und dafür muss man nichts weiter tun als den Anruf kompetent entgegenzunehmen. Als sie mich anriefen … Nun, ich hatte gerade eine Kieferoperation überstanden und für den Rest des Abends geplant, im Flur auf und ab zu laufen und dabei Geräusche von mir zu geben, die nach einem Welpen in der Mikrowelle klingen. Und genau in diesem Augenblick ruft die Lannan Foundation an.

WCHHach.

»Hallo. Spreche ich mit A. L. Kennedy? Hier ist die Lannan Foundation. Wir würden Ihnen gern einen (Fachausdruck) Riesenhaufen Knete geben.«

Ii-agh. Dach bim ich.

»O-kay … Und erfreuen Sie sich gerade bester Gesundheit?«

Ich habe eine Menge Drogen zu mir genommen.

»Ah, ich verstehe … das Leben der Boheme …«

Nein. Ich habe Schmerzen.

»Natürlich, der Schmerz einer empfindsamen Seele, allein und verloren im verständnislosen Universum.«

Nein, ich habe einfach nur ein Loch im Gesicht.

Mal ehrlich, ich lebe von Koffein, Diätdrinks und Kartoffelchips – das sind wohl kaum alle vorgesehenen Lebensmittelgruppen. Mein Leben ist lachhaft, ich verliere und verlaufe mich, ich bin erschöpft und verwirrt, aber ich mache weiter, weil ich Geschichten erschaffen darf. Ich kann jemand sein, der ich nie war, kann an Orte gehen, an die ich nie kommen werde, Dinge tun, die ich nie tun kann – doch, wirklich: Ich bin und ich werde und ich kann. Ich kann aus nichts etwas machen – das stellt jedes Naturgesetz auf den Kopf.

Ich erzähle Ihnen eine Geschichte … ich kann Ihnen jetzt eine Geschichte erzählen … über Zahnschmerzen. Sie wissen schon: Manchmal haben Sie Zahnschmerzen, weil womöglich irgendwas mit einem Nerv nicht in Ordnung ist, und je mehr Sie darüber nachdenken, desto mehr tut es weh, der Schmerz pulsiert und pocht, immer tiefer und stärker, und dann wird er vielleicht noch schärfer, sticht so richtig hinein, und er scheint sogar in die anderen Zähne zu kriechen, breitet sich über den ganzen Kiefer aus, dann auf die ganze Gesichtshälfte, und es wird einfach …

Es sind nur Worte. Luftiges Nichts, Färbung des Atems, und wenn Sie jetzt Luft holen, geht es Ihnen schon besser. Und wenn Sie wieder ausatmen, geht es Ihnen noch besser.

Ich erzähle Ihnen eine bessere Geschichte. Und an dieser Stelle wird das Publikum in die Vorstellung einbezogen, was man Ihnen vorher nicht verraten hat. Ich werde also meinen reizenden Beleuchter bitten, das Saallicht hochzufahren, damit ich Sie sehen kann. So. Aber keine Angst. Es ist bloß »Publikumsbeteiligung *light*«. Sie müssen bloß Ihren magischen Zeigefinger einsetzen. Und ich muss bloß hier stehen und warten, bis Sie alle Ihren magischen Zeigefinger einsetzen, oder bis ans Ende der Zeiten, je nachdem, was zuerst eintrifft. Ich kann Sie sehen …

Während Sie also darauf warten, dass die Magie sich einstellt und sich in Ihrem magischen Zeigefinger manifestiert, müssen Sie lediglich an jemanden denken, der Sie zum Lächeln bringt. Vielleicht denken Sie an das Lächeln des Menschen, an seinen Klang oder ihren Gang, an den Duft der Haare – all die Dinge, die ausmachen, dass Sie beim Gedanken an diesen Menschen lächeln müssen. Und in einer Sekunde werden wir alle gemeinsam an diese Menschen denken, die uns zum Lächeln bringen, und dann werden wir gemeinsam etwas in die Luft schreiben, drei kleine Worte, die eigentlich ausgelaugt sein sollten, ermüdet … aber wir werden ganz klar und fest an diesen Menschen denken, und zusammen werden wir mit unserem magischen Zeigefinger in die Luft schreiben – an diesen Menschen, für diesen Menschen – ICH LIEBE DICH.

Ich schreibe es rückwärts, um Ihnen zu helfen.

Aber es sind nur Worte – die sollen Ihnen helfen zu lächeln. Oder zu fühlen.

Lassen Sie mich eine letzte Geschichte erzählen, in der Sie selbst vorkommen können, als wären Sie selbst Schriftsteller. Wenn Sie möchten. Dafür brauchen Sie wieder Ihren magischen Zeigefinger. Ist schon okay, Sie treten hier keiner Sekte bei. In dieser Geschichte wollen Sie sich vielleicht vorstellen, dass Ihre ganze Hand allmählich von goldenem Licht durchflutet wird – ein warmes, liebliches und sehr angenehmes goldenes Licht. Es steigt von Ihrem Handgelenk auf in die Handfläche, in die Fingerwurzeln und weiter in alle Fingerknöchel – warm und wunderschön, und schließlich ist Ihre ganze Hand von goldenem Licht erfüllt. Vielleicht kribbelt es. Es fühlt sich an, als würden Sie einen goldenen Handschuh tragen. Und während das goldene Licht sich noch weiter in Ihrer Hand und Ihrem magischen Zeigefinger ausbreitet und verstärkt, können Sie – wenn Sie mögen – an die Stelle denken (normalerweise ist es der Solarplexus), wo Sie den kleinen Funken spüren, wenn Sie an die Menschen denken, die Sie zum Lächeln bringen. Und vielleicht würden Sie gern auch daran denken: Sollte es Ihnen je so vorgekommen sein, als würde ein kleines Stück von Ihnen abbrechen, zu Staub zerfallen und wegwehen – vielleicht war es nicht so. Vielleicht hat es sich nur an dieser Stelle versteckt, wo Sie den Funken spüren. Und vielleicht – wenn Sie wollen – können Sie jetzt mit Ihrem Finger voller Licht diese Stelle berühren, und Sie können sich selbst durch das Denken erleuchten, durch den Tanz der Worte umeinander, miteinander, durch ihre Verbindung: Licht und leicht und Aufleuchten und Erleuchtung. Und vielleicht können Sie das immer wieder tun. Vielleicht besitzen Sie das, was Sie brauchen, um das zu schaffen, was Sie brauchen. Wenn Sie wollen. Ihre Geschichte. Die können Sie mit nach Hause nehmen. Die gibt es gratis zum Zeigefinger dazu.

Aber es sind nur Worte – langweilige, schlichte, kleine Wörter wie *ja, nein, hoch, derdiedas* – aber sehen Sie nur, was sie anrichten können. Meine Liebe zu den Worten hat nie aufgehört. Als ich damals in London diesen Preis gewann, habe ich nichts gefühlt, weil ich nicht schreibe, um Preise zu gewinnen. Preise sind sehr nett. Pringles und Sex sind auch nett. Sehr nett. Aber ich schreibe nicht für Pringles. Und weil ich mich ein wenig verschätzt habe, schreibe ich auch nicht für Sex. Das ist auch gut so, denn eigentlich – ich sage es nur sehr ungern – kann man es nur aus Liebe machen. Und das ist gut. Und schrecklich – denn es bedeutet, Menschen können mich manipulieren oder mich nicht bezahlen, ich arbeite zu jeder Tages- und Nachtstunde, die Gott werden lässt, ich kann komplette Beziehungen zu Menschen unterhalten – Anfang, Mittelteil, Schluss – ohne es richtig zu bemerken. Aber das ist nur im Augenblick meine Geschichte. Ich kann sie ändern. Umschreiben. Und ich kann trotzdem barfuß bleiben und schreiben und aufleuchten. Oder barfuß sein und lesen und aufleuchten – das ist das Gleiche. Ich liebe das: Sollte ich es wünschen, sollte ich sie brauchen, kann ich die bestmöglichen Worte für jede Gelegenheit finden – zum Beispiel – zum Beispiel Worte für Liebe. Wenn ich will, kann ich Ihnen sagen …

Mehr lieb ich Euch, als Worte je umfassen,
Weit inniger als Licht und Luft und Freiheit,
Weit mehr, als was für reich und selten gilt,
Wie Schmuck des Lebens, Wohlsein, Schönheit, Ehre,
Wie je ein Kind geliebt, ein Vater Liebe fand.
Der Atem dünkt mich arm, die Sprache stumm,
Weit mehr als alles das lieb ich Euch noch.

Worte, die ich besitze, weil jemand sie aufgeschrieben hat, damit ich sie finden kann. Und fangen wir jetzt bloß nicht damit an, dass Shakespeare auch bloß so ein toter weißer Mann ist und wir deshalb nicht mit ihm und seinen Sachen spielen dürfen – seine Worte sind nicht männlich oder weiß oder tot. Er ist nicht jedermanns Sache, aber meine. Im Stück wird an dieser Stelle ein bisschen zu sehr auf die Tube gedrückt, weil die Frau lügt – es ist eine der hässlichen Schwestern in *König Lear*: Regan, Goneril, Goneril,

Regan ... sie sind immer zusammen ... man weiß nie, welche nun welche ist ... wie bei Tick, Trick und Track ...

Das Entscheidende ist: Ich darf diese Worte haben, ich darf ihre Musik in mir spüren, sie in andere Form bringen, ich darf sie anderen Menschen geben und Musik in ihnen sein, und das liebe ich. Und Worte sind nicht nur Dinge, die man lieben kann, sie können einem helfen, lebendig zu sein. Unter Worten sein, mit Worten arbeiten, das ist wie verliebt ein. Die Augen weit aufgerissen, der Mund steht offen, wie bei Verliebten ...

Die feinste Schärfe leiht sie dem Gesicht;
Wer liebt, des Auge schaut den Adler blind.
Wer liebt, des Ohr vernimmt den schwächsten Laut,
Wo selbst des Diebs argwöhnisch Horchen taub ist.
Die Liebe fühlt empfindlicher und feiner
Als der beschalten Schnecke zartes Horn ...

Ich darf dort leben. Weil es mein Beruf ist. Ein Beschäftigungszufall. Ich könnte nicht immer so sein – dann würde ich beim Einkaufen Nasenbluten kriegen –, doch ich darf den Ort besuchen, so oft und so gut ich kann. Und als ich das zum ersten Mal hörte, da wusste ich: *Das will ich* – und ich habe es bekommen. Weil jemand sie aufgeschrieben hat, damit ich sie finden kann. Ich habe es. Sie haben es. Wir haben es. Und ich kann es nur verlieren, wenn Sie mir meine Bildung stehlen, meine Zeit, meine Lebensqualität stehlen, bis es mir wehtut aufzuwachen – denn so etwas weckt einen auf.

Aber ich glaube, das werden Sie nicht geschehen lassen. Denn Sie sind hier. Wir haben gerade so viel Zeit miteinander verbracht, nur wir und Worte – wer hätte gedacht, das so etwas noch geht? Die Leute fragen mich immer, wieso ich mit diesem Programm auftrete – *Sie sind doch Schriftstellerin, Sie sollten nur schreiben*. Also, ich tue es, damit ich an dieser Stelle immer sagen kann ... Lassen Sie sich von niemandem Zahnschmerzen anhängen, es sei denn, Sie brauchen welche – und lassen Sie sich von niemandem die Freude stehlen, nicht mal von sich selbst. Die Worte gehören Ihnen – zum Wünschen, Träumen, Hoffen, Scherzen, für Nachrichten, Klatsch,

Gedichte, Geschichten, Flüche – ich habe bisher noch gar nicht geflucht, aber ich könnte. Das können gute Wörter sein. Starke Wörter.

Aber wir haben auch gar keine schwachen Wörter – jedes einzelne Wort ist nur für unseren Gebrauch gedacht –, ohne uns verblassen sie, ohne sie sind wir namenlos, sind wir Schweigen, sind wir die Lügen und Unschärfen und Slogans in den Gedanken anderer Menschen – dabei sollte es keine Schönheit geben, von der wir nicht singen können, keine Liebe, die wir nicht erklären können, keine Wahrheit, Hoffnung, Gerechtigkeit, neue Wirklichkeit, die wir nicht benennen und mit Worten anstoßen können. Worte geben uns das Ja und das Nein zu allem, Unsterblichkeit in einem Zeichen, in einem Atemzug. Und wenn Sie jemals allein, eingesperrt oder verängstigt wie ein Kind gewesen sind, dann werden Worte Sie verstecken. Werden Sie retten. Und immer können und werden Worte Ihre Freude bewahren und Sie erheben, hoch hinauf in die Liebe zu Ihrem eigenen Leben und dieser Welt und jeder anderen, die Sie erschaffen wollen. Sie werden Ihnen leuchten, wohin Sie auch gehen. Und wenn Sie es zulassen, werden die Worte Sie leuchten lassen.